공부 말고 합격

초판 1쇄 인쇄 2023년 7월 26일
초판 1쇄 발행 2023년 8월 2일

지은이 김진선
펴낸이 이승현

출판1 본부장 한수미
와이즈 팀장 장보라
편집 장보라
디자인 THISCOVER

펴낸곳 ㈜위즈덤하우스 **출판등록** 2000년 5월 23일 제13-1071호
주소 서울특별시 마포구 양화로 19 합정오피스빌딩 17층
전화 02) 2179-5600 **홈페이지** www.wisdomhouse.co.kr

ⓒ 김진선, 2023

ISBN 979-11-6812-679-4 (03190)

공부 빼고

김진선 지음

당신을 합격 체질로
만들어줄 시험공부의 기술

합격

무조건 합격해야 하는 당신에게

단도직입적으로 묻겠다.

공부를 잘하고 싶은가? 시험을 잘 보고 싶은가? 전문직이 되고 싶은가? 대한민국 0.1% 안에 들고 싶은가?

이 중 하나라도 답이 '예스'라면, 제대로 찾아왔다. 이 책을 통해 당신은 공부를 잘하게 되고, 시험에 합격하고, 원하는 꿈을 이루게 될 것이다. 허황된 소리처럼 들리겠지만 장담할 수 있다. 심지어 이게 다가 아니다. 이 책은 짧은 시간에, 쉽게 성적을 올려줄 것이다. 공부를 잘하려면 오랜 시간, 힘들게 노력해야만 한다고 들었는가? 그런 메시지는 잊어라. 부자가 되는 길에 추월차선이 있는 것처럼 공부에도 쉽고 빠른 길이 있다. 그리고 우리의 공부는 '합격'을 위한 것이다. 즉 '공부 말고 합격'을 할 수 있는 가장 빠른 길을 함께 가보자.

물론 공부를 잘하려면 슬렁슬렁해서는 안 된다. 의욕적이고 성실한 사람이 세상에 얼마나 많은데 대충대충 해서 성공할 수 있겠나. 공부를 할 때는 전력을 다해야 한다. 다만 쉽고 빠른 길에 올라타면 된다. 남들이 구불거리는 길을 시속 50킬로미터로 갈 때, 당신은 곧게 뻗은 길에서 시속 100킬로미터로 달리면 된다. 그 길을 찾는 방법을 알려주겠다.

나는 초등학교 입학부터 서른한 살에 전문의 시험을 볼 때까지 23년간 한 해도 빠짐없이 시험과 함께 살았다. 대치동에서 초·중 시절을 보내고 서울과학고, 서울대학교 의과대학에서 쟁쟁한 친구들과 경쟁했기에 어떻게 하면 공부를 더 잘할 수 있는지 끊임없이 고민할 수밖에 없었다.

그 과정에서 여러 번의 실패와 시행착오를 겪었다. 몇 년 동안은 공부를 열심히 해도 그저 그런 성적을 받기도 했고, 고등학교를 자퇴했으며, 의대에서 번아웃을 심하게 앓아 포기 직전까지 가기도 했다. 이를 극복하기 위해 더 효율적인 방법을 찾고자 무진 노력을 했으며, 찾아낸 방법을 적용하고 나에게 맞춰 다듬었다. 그런 끝에 의과대학에서 4년 성적 통합 상위 15% 이내 학생에게 수여하는 우등 졸업장을 손에 쥐었다. 이후 전공의 선발 시험, 전문의 시험, 대학원 시험, 입사 시험 그리고 3개월 만에 합격한 최근의 공인중개사 시험까지 어떤 시험에서도 실패한 적이 없다.

이 책에서 소개하는 공부법은 바로 그 23년에 걸친 시행착오와 성공 경험의 결정체다. 웬만한 상황은 다 겪어보고 만들어진 공부법이다. 인간의 기억력과 학습 능력, 심리, 행동 패턴을 고려하여 내 역량 안에서 최고의 결과를 낼 방법을 찾은 것이다. 당신이 이 공부법을 적용하면 어떻게 될까? 대한민국에서 가장 공부 잘한다는 몇백 명 안에서 통하는 이 비법을 써본다면? 당신이 지금 어떤 상황에 있든, 전보다 훨씬 쉽고 빠르게 성적을 올릴 수 있으리라고 확신한다.

어쩌면 당신은 의구심을 느낄지도 모르겠다. '혹시 저자에게만 쉽고 빠른 방법이 아닐까?' 이해한다. 서울대학교 의과대학 우등 졸업자라니, 분명 천재이거나 잠자는 시간 빼고 공부에만 매달리는 독종일 거라고 생각할지도 모른다. 분명 쉬운 방법이라고 했는데 실제 해보면 너무 어렵고, 또 당연히 할 수 있다고 했는데 도저히 실행할 수 없는 방법을 얘기하려는 게 아닌지 걱정이 될 것이다.

사실 나도 그런 책들 많이 봤다. 이 책을 준비하면서 서점에 나가 공부법에 관한 책들을 모조리 읽어봤는데 솔직히 몇 권 빼고는 '과연 이렇게 할 수 있을까?' 싶은 책들이 많았다. 목차를 보고 시작부터 체계도를 짜듯이 정리하라는 내용도 있었고, 키워드를 중심으로 공부하라거나 기출 문항을 유형별로 분류하라는 조언도 있었다. 얼핏 그럴듯해 보이지만 겪어본 사람은 안다. 수험생이 대부분 할 수 없는 일들이라는 걸 말이다.

목차를 따라 한눈에 보이게 정리할 수 있고, 키워드를 뽑아낼 수 있고, 기출 문항을 유형별로 분석할 수 있다면 공부법 책을 애초에 왜 보겠나. 이것은 수험생이 아니라 학생들을 가르치는 강사에게나 요구할 수 있는 덕목이다. 즉, 보통의 수험생에게는 불가능한 과제에 가깝다. 심지어 시험을 잘 보기 위해 그런 일들을 꼭 해야 하는 것도 아니다. 나만 해도 그렇게 공부하지 않았지만(사실 능력이 안 됐다), 합격하는 데는 아무 문제 없었다.

또 노력이라는 측면은 어떤가. 하루에 15~16시간 공부는 기본인 것처럼 흔히 얘기한다. 매일 12시간 공부하라고 얘기했다간 너무 느슨한 것 아니냐며 욕먹을 것 같은 분위기다. 그런데 과연 인간이 어떤 일에 하루 12시간 넘게 집중할 수 있을까? 그것도 하루 이틀이 아니라 몇 년 동안 지속할 수 있을까? 정신건강의학과 전문의라는 직업 특성상 정상적인 인간의 에너지와 의욕, 수면, 기분, 인지 기능에 관심이 많은 사람으로서 나는 단연코 그럴 수 없다고 본다.

12시간을 콕 집어 예로 들었지만, 사실 이것도 터무니없이 길다. 나를 포함해서 보통 사람은 8시간 집중하기도 어렵다. 전 세계 직장인이 하루 8시간 근무를 기본으로 하는 것은 나름의 경험칙이 반영된 것이다. 이것조차 하루 6시간으로 줄이자는 움직임도 있다. 물론 시험 직전에 15시간 이상 공부해야 할 때도 간혹 있겠지만, 평소에 그렇게 할 이유는 없다. 지속하기도 어려울뿐더러 시험에서 고득점을 받고 싶다면 오히려 시도하지 말기를 추천한다.

나는 이 책에서 진정 실행 가능한 방법만 알려주려고 한다. 누구나 쉽고 빠르게 따라 할 수 있는 방법 말이다. 공부를 잘해본 적이 있든 없든, 체력이 강하든 약하든, 당장 눈앞의 시험에서부터 성과를 보게 될 것이다. 공부 머리를 타고나지 않았어도, 교재를 도통 이해할 수 없어도, 남들처럼 밤늦게까지 공부할 수 없어도 시험을 잘 볼 수 있게 해주겠다.

내가 시험을 잘 보게 된 비결은 비범한 두뇌를 타고난 덕분이 아니다. 의대 본과에 처음 진학했을 때, 내가 받은 해부학과 조직학 성적은 입학 동기 180명 중 90~100등이었다. 이해력? 수업 시간에 알아들을 수 있는 내용이 반의반도 안 됐다. 모든 과목이 그랬다. 2년간 아무리 최선을 다해도 중간 등수에서 더 올라가지를 못했다. 몸과 마음이 지쳐 결국 번아웃이 왔다. 이유 없이 눈물이 나고 자신감이 바닥을 쳤다. 2학년 말쯤, 아무래도 유급해야겠다며 어머니 앞에서 엉엉 운 적도 있다. 이처럼 타고난 공부 머리 부분에서 나는 확실히 동기들보다 탁월하지 않았던 것 같다. 그러나 공부법을 갈고닦은 결과 3학년 때부터 상위권으로 뛰어오를 수 있었다. 시험에서 고득점을 받는 확실한 전략을 세운 덕분에 의과대학에서 223명 동기 중 32등으로 우등 졸업장을 손에 쥘 수 있었다.

무기력에 관해서는 책 한 권을 쓸 수 있을 정도로 사투를 벌여왔다. 어렸을 적 내 동생은 나를 '배경'이라고 불렀다. 소파나 침대에 붙어서 움직이지 않아 배경처럼 보인다는 뜻이다. 학창 시절, 학교에서 돌아오면 파김치가 되어 2시간씩 낮잠을 자야 했다. 밤 9시 넘어 끝나는 학원은 다녀본 적이 없다. 아니, 다닐 수가 없었다. 주말이면 정오가 되도록 일어나지 못했고, 소변 한 번 안 보고 14시간을 내리 잔 적도 있다. 체력은 말할 것도 없고 의욕 역시 바닥이었다. 밤마다 지구가 멸망하기를 남몰래 빌었다.

그런데 어떻게 공부를 잘할 수 있었냐고? 불행인지 다행인지 나는 욕심이 많았다. 이왕 하는 것 잘하고 싶었다. 아니, 못한다는 소리를 듣고 싶지 않았다. 그래서 희미한 의욕과 에너지를 쥐어짜서 어떻게든 잘할 방법을 찾아냈다. 최소의 노력으로 최대의 성과를 내는 공부법을 말이다. 내가 만약 날마다 10시간 넘게 공부할 수 있는 사람이었다면 이런 고민 따위는 시작도 하지 않았을 것이다. 그래서 나는 당신의 입장을 잘 안다. 그 입장에서 어떻게 움직여야 하는지도 잘 안다.

그래도 여전히 못 믿겠는가? 걱정하지 마시라. 나는 당신이 공부 머리가 없으리라는 가정하에 이 책을 썼다. 절대 당신을 무시해서가 아니다. 나는 내 공부 머리도 믿지 않는다. 정확히 말하면 인간의 공부 머리라는 것을 믿지 않는다. 이해력이나 사고력처럼 객관적으로 평가하기 어려운 개념은 차치하고라도, 우리의 기억력이 얼마나 형편없는지 당신도 알고 있지 않은가. 3일 전 점심으로 무얼 먹었는지가 시험문제로 나오면 답을 못 쓰는 사람이 절반은 될 것이다. 3일 전까지 갈 필요도 없다. 어제 먹은 점심도 잘 기억나지 않는다. 신나게 즐기고 맛본 경험조차 이렇다. 그러니 아무런 재미도 감동도 없는 교재 속 글자가 머릿속에 얼마나 남아 있겠는가.

이 책의 공부법은 그 진실을 전제로 쓴 것이다. 즉 이해력, 사고력, 암기력 등 개인의 학습 능력에 의존하는 공부법이 아니다. 무조건 시험장에서 답을 쓸 수 있는 확실한 시스템, 들여야하는 노력, 그 과정을 알려줄 예정이다. 이 방법이면 전화번호부 외우기 시험이 있어도 단번에 합격할 것으로 확신한다.

하지만 아무리 쉬운 방법이라도 직접 실천하지 않으면 무용지물이다. 공부법이 중요하긴 하지만, 결정적인 문제는 따로 있다. 무식하게 몰아붙여도 체력이 무한하면 결국 잘할 수 있는게 공부다. 반대로 아무리 좋은 요령을 알고 있어도 자기가 노력하지 않으면 시험을 잘 볼 수 없다. 즉, 진짜 중요한 것은 '공부를 집중해서 끝까지 해낼 수 있느냐'다. 여기에 대해서도 구체적으로 다룰 테니 잘 따라오기 바란다.

여느 책처럼 공부에 진정한 기쁨을 느껴보라는 등 공감하기 어려운 얘기는 하지 않을 생각이다. 공부만큼 재미없는 게 또 있을까? 세상에서 공부가 가장 지루하다. 다른 사람은 어떤지 몰라도 최소한 나는 그렇다. 공부가 가장 싫었고, 지금도 싫고, 앞으로도 싫을 것이다. 물론 즐거울 때가 전혀 없었던 건 아니다. 내가 정말 알고 싶은 것을 공부할 때, 눈앞에 닥친 절실한 문제를 해결할 때 그런 희열을 느꼈다. 하지만 '해야 하는 공부'는 별로 알고 싶지도 않고 그다지 절실하지도 않은 내용이 보통이다. 시험공부는 더욱 그렇다. 미분 공식을 외우는 일 따위가 어떻게 신나겠는가. 적어도 나는 그래본 적이 없다. 이 재미없는 공부를 집중해서, 끝까지 해내는 방법을 사탕발림 없이 알려주겠다. 낮잠을 2시간씩 자야 하고, 알람 없이는 14시간 내리 자는 무기력한 사람에게도 통했던 방법이다.

앞서 공부 머리를 믿지 않는다고 말했는데, 솔직히 인간의 의지력도 크게 믿지 않는다. 대부분 사람은 의지력이 형편없다. 나만 봐도 그렇다. 몇 시간 동안 '공부해야지, 공부해야지…' 생각만 하다가 다음 날로 미루기를 평생 반복하며 살았다. 집중력은 더 별로다. 잡생각 없이 공부할 수 있는 행운 같은 건 기대도 하지 않는다. 이렇게 불완전한 존재인 우리가 집중해서, 끝까지 해내려면 시스템이 필요하다. 개인의 집중력과 의지에 좌우되지 않는 확실한 방법 말이다. 오늘 당장 실행에 옮길 수 있도록 상황별로 세세히 소개하겠다. 이 시스템을 장착하면, 긴 공부 인생에서 만날 어떤 장애물에도 대응할 수 있을 것이다.

이쯤이면 이 책의 성격이 어떨지 감을 잡았을 것이다. 지극히 현실적인 태도로 쓴 실용서다. 성적을 올리고 싶다면 책에 나온 지침대로 하나씩 따라 하기만 하면 된다.

본격적으로 들어가기에 앞서 한 가지 고백하자면, 사실 나는 내 아이들을 위해서 이 책을 쓰기 시작했다. 나의 공부 노하우를 고스란히 전하고 싶었다. 유산처럼 평생의 자산을 물려주고 싶었다. 어떤 시험에서도 성공할 수 있는 비법 정도면 꽤 괜찮은 자산 아닌가? 원하는 자격증 또는 원하는 직업을 마음먹은 대로 손에 넣을 수 있다면, 경제적인 가치만 따져도 수억 원은 될 것이다. 활용하기에 따라 수십억 원이 될 수도 있다. 당신도 이 책을 통해 두고두고 그 과실을 누리길 바란다.

차례

프롤로그 무조건 합격해야 하는 당신에게   5

공부는 그렇게 하는 게 아니다
– 시험장에서 바로 답이 보이는 합격의 기술

1장   **시험을 잘 보려면 암기부터 해야 한다**   21

정답을 썼느냐, 아니냐
시험은 시간 싸움이다
시험은 에너지 싸움이다
완벽한 답안은 암기해야 나온다

2장   **'반복' 하나면 된다**   36

시험은 쪼잔하게 묻는다
공신들의 공통점, 반복
n회독, 생각만큼 어렵지 않다

3장   **시험은 단거리 경주다**   49

최대한 마지막에 몰아붙여라
벼락치기는 필수다

【 정신과 전문의가 알려주는 절대 합격 TIP 】   56

PART 2

어떤 시험이든 무조건 통한다
- 상위 1% 공부 끝판왕의 절대 합격 공부법

4장 **공부 범위부터 확실히 정해라**   61

잊지 마라, 우리는 천재가 아니다
성적을 올리고 싶으면 교재를 줄여라
실행 가능한 공부량을 파악해라

5장 **최단기 고효율의 4회 반복 공부법**   74

모르는 것만 남기는 것이 핵심이다
단기·중장기 시험별 일정 전략

6장 **그저 진도를 나간다**   82

완전히 알지 못해도 일단 읽고 지나간다
반복하면 어떻게든 된다
중간에 멈추지 마라

7장 **소소하지만 확실한 합격 비법**   93

효율적으로 공부한다
요행을 바라지 않는다

【 정신과 전문의가 알려주는 절대 합격 TIP 】   116

PART 3 공부는 몸으로 하는 것이다
**- 의지박약이어도
최고의 집중력으로 끌어올리는 법**

8장   **짧고 굵게 공부한다**   121

우리는 천재도 철인도 아니다
왜 전 세계 직장인은 '9 to 6'로 일할까?
사람마다 필요한 수면 시간이 따로 있다
빨리 잠드는 다섯 가지 방법

9장   **합격에 필요한 몸을 만든다**   139

공부를 잘하려면 아프지 말아야 한다
통증 빠르게 없애는 세 가지 방법
공부 잘하는 사람들은 허약하다고?
저질 체력 수험생을 위한 공부법
앞서고 싶다면, 운동해라

10장 **합격에 필요한 환경을 만든다**   156

산만해지는 원인을 제거한다
아무리 노력해도 집중하기 어렵다면

[정신과 전문의가 알려주는 절대 합격 TIP]   186

PART 4

시험 앞에서 절대 흔들리지 않는다
- 끝내 합격하게 만드는 멘탈 관리

11장 **시험 앞에서 겁먹지 않는다**   191

절대 포기하지 않게 해줄 마법의 다짐
달콤한 합리화를 이겨내게 해줄 정신 무장법

12장 **무조건 합격하는 시험장에서의 원칙**   230

시험 당일 컨디션 조절법
시험 날 반드시 챙겨야 할 다섯 가지

[정신과 전문의가 알려주는 절대 합격 TIP]   245

에필로그 나는 당신이 진정 합격하길 바란다   246

PART 1

공부는 그렇게
하는 게 아니다

- 시험장에서
바로 답이 보이는 합격의 기술

1장

시험을 잘 보려면
암기부터 해야 한다

정답을 썼느냐, 아니냐

시험을 잘 보는 확실한 방법은 무엇일까? 교재의 내용을 잘 이해하는 것? 노트 정리를 체계적으로 하는 것? 책상 앞에 진득하니 앉아서 공부하는 것? 물론 어느 정도 도움이 되겠지만 결정적인 것은 아니다. 교재 내용을 잘 파악한다고 해서, 매일 12시간씩 공부한다고 해서 시험을 잘 보리라고 보장할 순 없다.

시험 잘 보는 방법은 따로 있다. 바로 시험 범위를 완전히 외우는 것이다. 그러면 100% 잘 볼 수 있다. 예외는 없다. 지필고사는 특성상 최종 답안만 보고 채점한다. 수험생이 내용을 제대로 이해했든 아무것도 모르고 단순히 암기만 했든 '정답을 썼느냐 아니냐'만 평가한다.

"교과서, 기본서, 수업 노트 등 교재를 잘 외워도 응용문제가 나오면 어떻게 합니까?"

맞다, 그럴 수 있다. 그러니 응용문제도 외워야 한다. 아예 응용문제 풀이법까지 외워버리면 된다. 그러면 시험에서 실패할 수가 없다.

당신의 허탈한 웃음소리가 들리는 것 같다. '누구나 쉽게 공부할 수 있는 방법을 알려준다더니, 역시 저자에게만 쉬운 방법이었어'라며 낙담할지도 모르겠다. 하지만 걱정하지 마시라. 내가 말하는 응용문제란, 당신이 이미 공부하고 있는 범위에 포함돼 있는 것이다. 당신이 지금 풀고 있는 한 권의 문제집 안에 들어 있는 풀이법을 외우라는 뜻이다. 시중에 나와 있는 열 가지 문제집을 다 풀어보고 외우라는 뜻이 아니다. 그럭저럭 괜찮아 보이는 단 한 권의 문제집이면 충분하다. 대신 그 문제집의 모든 문제를 꼼꼼하고 확실하게, 시험장에서는 생각할 필요도 없이 답을 쓸 수 있도록 외우라는 얘기다. 그러면 된다.

풀이법까지 모두 외울 생각은 없다고 말하지 말기 바란다. 문제집은 그저 실력을 확인하기 위해 푸는 것 아니냐고, 답을 쓸 수 있으면 되는 것 아니냐고 얘기하지 마라. **문제집의 모든 풀이법을 암기하지 않으면 공부를 잘할 수 없다**. 완전히 못하게 된다는 뜻은 아니다. '적당히'는 할 수 있다. 그러나 당신이 원하는 성적, 전문직의 꿈, 대한민국 0.1% 안에 든다는 목표는 이룰 수 없다. 당신과 경쟁하는 시험의 달인들은 당연히 응용문제 푸는 법까지 다 외우고 시험장에 들어갈 것이기 때문이다. 그들은 문제를 보는 순간 암기한 답안을 기계적으로 써나갈 것이다. 당신이 시험장에서 응용하느라 머리 한구석에서 희미한 기억을 꺼내고, 사고력과 창의력을 발휘하는 동안에 말이다.

풀이법 전부 외우기라니, 상상만 해도 끔찍할 것이다. 하지만 생각보다 어렵지 않다. 한 권의 문제집을 푼 후, 두세 번 다시 보기만 하면 된다. 지금까지 문제집 두세 가지를 푸는 방식으로 공부해왔다면 오히려 공부할 양이 줄어드는 셈이다.

<문제집 1권 2~3회 반복 vs. 2~3권 1회 풀기>

	문제집 1권 2~3회 반복	문제집 2~3권 1회 풀기
소요 시간	짧다	길다
전체 암기에 드는 노력	적다	많다
전체 암기 가능성	크다	상대적으로 작다

같은 걸 반복해서 볼 때 시간이 훨씬 덜 걸린다. 한 권을 반복해서 보는 게 새로운 문제집 여러 권을 푸는 것보다 노력은 덜 들고 효과는 확실한 방법이다.

혹시 한 권만 봤는데 다른 문제집에 있는 '신박'한 문제가 출제되면 어떻게 하냐고? 글쎄, 그럴 확률이 얼마나 될까? 문제집 회사는 해마다 개정판을 내면서 부족한 부분을 계속 보완한다. 업계에 영업 비밀이라는 것도 없다. 서점에 가면 모든 회사의 문제가 다 공개돼 있다. 한 출판사가 남들은 모르는 창의적인 문제를 단독으로 보유할 가능성은 희박하다. 걱정하지 마라.

이렇게 문제집 한 권만 다 외우면 시험 준비는 끝이다. 시험 장에 가서 외운 걸 그대로 적고 나오면 된다. 지금 풀고 있는 문제집을 한번 꺼내서 노려봐라. 양이 얼마나 되는가? 이걸 100% 외우면 100점을 기대할 수 있다. 어떤가, 해볼 만하지 않은가?

복잡하게 생각할 필요 없다. 시험을 잘 보는 방법은 아주 단순하다. 시험 앞에서 겁먹지 마라. 당신도 할 수 있다.

시험은 시간 싸움이다

누군가는 공부를 잘하려면 이해력과 사고력을 길러야 한다고 말한다. 맞는 얘기다. 이해력과 사고력을 발휘하면 훨씬 쉽게 공부할 수 있다. 그런데 안타깝게도, 대부분 사람은 여기서 공부 의욕이 확 꺾인다.

쉽게 알아듣는 사람과 한참 설명해줘야 이해하는 사람 간의 차이가 분명히 있다. 타고난 능력이나 그간 쌓은 배경지식에 격차가 있을 수밖에 없기 때문이다. 백 권을 읽은 사람과 세 권을 읽은 사람의 받아들이는 속도가 어떻게 같겠는가. 사고력도 마찬가지다. 자신은 떠올릴 수 없는 내용을 척척 꺼내 생각에 생각을 이어가는 사람을 보면 승부욕을 잃기 십상이다. 지금 당장 공부를 잘하고 싶은 사람이라면 좌절하기 딱 좋은 상황이다.

하지만 이해력과 사고력이 '시험'을 잘 보는 데 꼭 필요할까? 그 부분에선 얘기가 조금 다르다. 앞서 말했듯이 시험(경시대회나 심층면접 같은 특별한 경우를 제외하고)은 문제를 이해하고 풀었는지, 추론을 제대로 해냈는지 평가하지 않는다. 단순 암기로 공식을 외우고 답만 외워서 풀어도 정답만 맞히면 똑같이 점수를 준다. 즉, 이해력과 사고력이 없어도 시험은 잘 볼 수 있다.

혹시 이렇게 말하고 싶은가? "단순 암기만 해서는 시험장에서 처음 본 응용문제를 풀 수 없잖아요." 물론 그렇다. 하지만 솔직히 말하면, 이해력과 사고력이 있어도 시험장에서 처음 보는 응용문제는 보통 풀 수가 없다.

일단 시간이 터무니없이 부족하다. 내가 2022년에 치른 공인중개사 시험을 예로 들면, 40문제 푸는 데 50분을 줬다. 답안지에 마킹할 시간을 생각하면 문제 하나를 거의 1분 안에 풀어야 했다. 그런데 보기가 5개씩 있으니 문제와 보기를 '읽는' 데도 촉박했다.

문제 하나가 어느 정도의 분량인지, 33회 공인중개사 시험에 나온 문제 하나를 가져와 보겠다.

공인중개사법령상 행정제재처분효과의 승계 등에 관한 설명으로 옳은 것을 모두 고른 것은?

ㄱ. 폐업신고 전에 개업공인중개사에게 한 업무정지처분의 효과는

그 처분일부터 2년간 재등록 개업공인중개사에게 승계된다.

ㄴ.폐업기간이 2년을 초과한 재등록 개업공인중개사에 대해 폐업신
고 전의 중개사무소 업무 정지사유에 해당하는 위반행위를 이유
로 행정처분을 할 수 없다.

ㄷ.폐업신고 전에 개업공인중개사에게 한 과태료부과처분의 효과
는 그 처분일부터 10개월 된 때에 재등록을 한 개업공인중개사에
게 승계된다.

ㄹ.폐업기간이 3년 6개월이 지난 재등록 개업공인중개사에게 폐업
신고 전의 중개사무소 개설등록 취소사유에 해당하는 위반행위
를 이유로 개설등록취소처분을 할 수 없다.

어떤가, 읽는 데만도 벅차게 느껴지지 않는가? 만약 보기가
옳은지 그른지 즉각 떠올릴 수 없어 뜻을 이해하고 생각하면서
풀었다간 1분 내에 답을 내기 어려울 것이다.

실제 시험을 보면서 나는 보기가 맞는지 아닌지 '사고'할 시
간이 없었다. 한 문제에서 생각을 하려고 했다간, 다음 문제는
보기를 중간까지 대충 읽다가 답이 나오면 체크하고 넘어가야
할 정도였다. 이를테면 맞는 보기를 골라야 하는데 3번이 맞는
것 같으면 4번과 5번 보기는 읽지도 못하고 지나가야 했다. 그
런데 알고 보니 3번 보기는 함정이고 정답이 4번이었다면 어떻
게 되겠는가? 그럼에도 시간이 촉박해서 그렇게 풀 수밖에 없
는 상황이 생겼다.

수학이나 과학 같은 분야는 그래도 다르지 않냐고 생각하는 사람이 있을 것이다. 그러나 시험에서는 이들도 똑같다. 제발 공식과 풀이법을 달달 암기하고 시험장에 들어가라. 기본 문제집 한 권에 있는 응용문제만 외우면 된다. 이해를 못 해도 괜찮다. 노래를 만들어 부르든 그림처럼 외우든 수단과 방법을 가리지 말고 외워라.

혹시 타고난 머리가 좋아 모든 개념을 이해할 수 있더라도, 시험 전엔 꼭 외워라. 바로바로 답이 나올 수 있도록 말이다. 수학이나 과학 같은 고매한 학문도 시험 시간은 박하게 주기 때문이다. 검토할 시간과 마킹할 시간을 제외하면 한 문제당 기껏해야 1~2분밖에 쓸 수 없다. 문제를 보고 이해한 후 사고력과 창의력을 발휘할 틈이 없다. 응용력을 발휘했다간 뒤쪽의 문제는 풀어보지도 못하고 끝날 수 있다.

'시험'과 '공부'는 대응 방법이 엄연히 다르다. 완벽히 이해하고 사고할 줄 알면 모든 문제를 풀 수 있다는 말에 현혹되지 마라. 공부할 때는 통할 수 있는 얘기지만, 시험에서는 모든 문제를 정해진 시간 안에 풀어야 한다. 생각할 필요도 없을 정도로 준비하고 시험장에 들어가야 한다. 반대로 말하면, 이해력이나 사고력이 크게 뛰어나지 않아도 지레 겁먹을 필요가 없다는 뜻이다. 무슨 수를 써도 좋다. 완벽히 외워라. 그러면 시험을 잘 볼 수 있다.

시험은 에너지 싸움이다

만약 사고력이 워낙 뛰어나서 외우지 않고도 빠른 속도로 문제를 풀 수 있다면, 그럴 때도 꼭 지겨운 암기 과정을 거쳐야 할까? 그렇다. 어떤 경우든 완벽하게 외우고 들어가기를 추천한다. 시험은 에너지 싸움이기도 하기 때문이다.

내가 만난 선생님 중 시험 잘 보는 법에 대해서 탁월한 감각을 가진 분이 계셨다. 고2 말에 이 선생님께 수능 언어 영역을 배웠는데, 이후 이 과목은 따로 걱정할 필요가 없었다. 어떤 지문을 읽어도 문제를 풀 수 있게 됐기 때문이다. 이전에는 '시험에 나올 만한 여러 종류의 지문을 읽어두자'라는 생각으로 접근했다. 그래야 혹시 익숙한 지문이 나오면 그만큼 시간을 아낄 수 있을 테니까. 하지만 선생님께 '시험문제 푸는 법' 자체를 배우고 나서는 그 바보 같은 짓을 그만뒀다. 사실 내가 본 지문이 수능 시험에 나올 확률이 얼마나 되겠는가? 세상에 차고 넘치는 게 글인데!

그 선생님께 배운 것 중 특히 기억에 남는 것이 시험장에서 에너지를 아끼라는 메시지였다. 시험 볼 때 게임을 하듯 최대한 가볍게 해결하라는 뜻이다. 바로 답을 쓸 수 있는 것은 즉각 문제를 풀고, 오래 생각하고 전체적인 맥락을 파악해야 하는 문제는 풀지 말고 넘어가라고 하셨다. 별표만 쳐두고 말이다. 마지막에 그런 문제들로 돌아와 여유 있게 풀면 된다. 어려운 문제를 푸느라 중간중간 에너지를 소모하지 말고, 아껴뒀다가 한꺼번에 집중해서 쓰라는 말씀이었다.

예를 들면 이렇다.

예 1: 다음 중 글쓴이의 주장과 <u>일치하지 않는</u> 보기를 고르시오.

→ 지문을 읽다가 보기의 내용이 합당한지 아닌지(○, ×) 표시하며 바로 풀기.

예 2: 이 글의 주제는?

→ 풀 시도도 하지 말고 일단 별표 치고 넘어가기. 시험지의 마지막 문제까지 다 푼 후 돌아와서 찬찬히 생각하기.

왜 주제를 고르는 문제는 바로 풀지 말고 미루라는 걸까? '단순한 문제를 풀면서 이미 지문을 한 번 읽었는데, 그때 조금만 더 생각해서 주제 문제를 풀면 오히려 시간을 아끼는 것 아닌가? 다른 지문을 다 보고 한참 있다 돌아와서 처음 지문을 다시 읽고 주제 문제를 푸는 건 비효율적이지 않나?' 하는 의문이 들 것이다.

맞다. 언뜻 비효율적인 방법처럼 느껴진다. 그러나 수능 언어 영역 시험 시간이 80분이나 된다는 걸 고려하면 상당히 합리적인 선택이라고 할 수 있다.

시험은 최대한 집중해서 봐야 한다. 문제 곳곳에 함정이 도

사리고 있다. 이것들을 죄다 피해 가야 한다. 게다가 촉박한 시간까지 고려해야 한다. 두뇌를 최대한 가동할 수밖에 없기에 에너지 소모량이 엄청나다. 그런데 이 집중력을 시험이 끝날 때까지 끌고 가야 한다. 80분짜리 시험이면 80분, 100분짜리 시험이면 100분을 버텨야 한다.

도중에 지치면 그 후는 대충 생각하게 된다. 피곤하니까. 함정에 빠지고 실수하고 난리가 난다. 그래서 그 선생님은 에너지를 많이 소모하는 문제를 뒤로 미루라고 한 것이다. 정작 쉬운 문제를 틀리는 우를 범하지 않도록 말이다. 중간에 오래 생각해야 하는 문제를 푸느라 시간이 지체되면 초조해지고, 그러면 후반부 집중력이 떨어질 수밖에 없기 때문이다.

수능이나 국가 자격증같이 큰 시험은 보통 종일 고사를 치른다. 아침 9시 이전에 입실해서 오후 4~5시까지 본다. 낯선 곳에서, 긴장되는 분위기에서, 그냥 앉아 있기만 해도 지칠 만한 시간이다. 고도의 집중력을 끝까지 유지하려면 에너지를 최대한 아껴야 한다. 계획성 없이 써버리면 마지막 교시쯤 돼서는 생각이고 뭐고 할 여력이 바닥나고 만다.

내가 공인중개사 시험 마지막 과목인 공시법/세법을 망친 이유가 그것이다. 직전 과목인 공법이 암기한 부분 밖에서 많이 출제되는 바람에 사고력과 창의력을 맘껏 발휘하다가 완전히 지쳐버렸다. 그래서 다음 시간에는 집중할 수가 없었다. 지문을 읽는 속도도 떨어지고 사고 자체가 멈춘 느낌이었다. 보기의 단어를 엉뚱하게 읽기도 하고, 맞는 지문이라고 생각하면서도 틀렸다고 표시해놓기도 했다. 결국 다른 과목에 비해 터무니없이 낮은 점수를 받았다.

앞서 이해력과 사고력은 시험장에서 크게 발휘할 기회가 없다고 말했다. 여기에 덧붙여, 발휘해야 하는 사정이 생기더라도 최소화하는 것이 좋다는 걸 추가로 강조하고 싶다. 후반부까지 집중력을 잘 유지하려면 명심해야 한다. 강철 체력을 지닌 게 아니라면, 생각할 필요조차 없도록 최대한 암기하고 시험장에 들어가라.

완벽한 답안은 암기해야 나온다

오랜 시간 진짜 열심히 공부하는데 정작 성적은 그만큼 안 나오는 때가 있다. 혹시 당신도 그런가? 평소에 아는 것으로만 따지면 꽤 잘하는 것 같은데 이상하게 결과는 기대에 한참 못 미친다. 학창 시절을 돌이켜보자. 분명 제일 모범생인데 1등은 못 하는 친구가 반에 한두 명은 꼭 있지 않던가. 왜 이런 일이 벌어지는 것일까?

평소에 공부를 잘하는 친구가 시험에서 실력을 발휘하지 못하는 경우라면 이유는 하나다. 외우지 않기 때문이다. 이들은 교재를 완전히 이해하는 수준에서 공부를 멈춘다. 마지막 순간까지 '웅, 아는 거네. 웅, 아는 거네' 교재를 그저 보기만 하고 쉬 어짜서 외우지 않는다.

그러나 이런 식으로 마무리하면 절대 좋은 점수를 받을 수 없다. 시험은 '네 역량을 마음껏 펼쳐봐라. 실수했다면 언제든 답을 바꿔도 좋다. 오늘 안에 답안지를 내기만 하면 된다'라고 자애롭게 기회를 주지 않기 때문이다.

평소 공부가 노래교실에서 악보를 보며 노래를 부르는 것이 라면, 시험장은 한 박자도 놓치지 않고 기량을 뽐내야 하는 오 디션장과 같다. 악보를 보며 노랫말을 완벽하게 이해하고 멜로 디를 따라 부를 줄 알면 오디션장에서도 잘할 수 있을까? 두 가 지는 완전 차원이 다른 문제다.

〈봄이 오면〉이라는 노래로 오디션을 본다고 해보자.

"봄이 오면 산에 들에 진달래 피네."

그런데 '봄이 오면 산에 들에…. 음, 봄이니까 진달래가 피겠 지?'라고 생각하면서 부르는 사람과 생각할 필요 없이 줄줄 부 르는 사람 중 누가 더 좋은 점수를 받겠는가? '봄에 피는 꽃이니 개나리도 답 아닐까?' 의심하는 사람이 '무슨 개나리! 이건 무 조건 진달래지. 내가 확실히 외웠어!'라고 준비한 사람을 이길 수 있을까? 답은 자명하다.

그렇다면 그들은 왜 이렇게 중요한 암기를 하려 하지 않을 까? 시험을 잘 보려면 필수인데도 말이다.

암기는 지겹기 때문이다. 정말 정말 정말 지겹다. 정말이라는 단어를 백 번 붙여도 모자랄 정도로 지겹다. 그래서 안 하는 것이다. 이해하고 생각하는 과정은 그나마 공부에서 재미있는 축에 속한다. 새로운 사실을 깨닫는 것 자체가 즐거움을 주기 때문이다. 아무리 지루한 분야여도, 나와 상관없는 일이어도 새로운 것은 관심을 끈다.

얼마 전, 양봉업 하는 유튜버 중 '푸응'이라는 사람이 선풍적인 인기를 끈다기에 한번 찾아본 적이 있다. 무심코 클릭했다가 1시간을 내리 장수말벌 잡는 영상을 봤다. 평생 장수말벌을 만난 적이 없고 아마 죽는 날까지 만나볼 가능성이 없을 텐데도 그렇게 재미있을 수가 없었다. 단지 '내가 본 적 없던 것'이라는 이유 때문이었다.

이처럼 호기심은 인간을 움직이게 한다. 아주 강력하게. 반대로 호기심이 일지 않으면 인간은 웬만해선 움직이지 않는다. 그런데 암기는 이미 본 걸 보고 또 봐야 하는 지루한 과정이다. 인간의 본성을 역행하는 일이다. 그러니 암기를 하고 싶겠는가! 그래서 대부분 하기 싫어하며, 공부깨나 한다는 이들도 마찬가지다.

전공의 선발 시험을 치를 때의 일이다. 우리 과 전공의 시험에는 전통적으로 특이한 형식이 하나 있었다. 본격적인 면접시험 전, '자기소개와 앞으로의 포부'를 적어내는 과정이 있다는 것이다. 아침 7시에 모두 모여 1시간 동안 A4 용지 한 장을 채우면 되는 일이었다. 매년 그랬고, 내가 시험을 본 그해에도 같은 형식으로 치를 것이라고 공지가 됐다.

당신이라면 어떻게 준비하겠는가? 스물여섯 살까지의 노력이 드디어 결실을 보는 날이다. 만약 여기서 떨어지면 백수로 지내든 군대를 가든 진로가 정해지지 않은 상태로 불안한 1년을 보내야 한다. 상당히 중요한 시험이다. 의과대학 본과 4년 동안 밤새워 공부했던 것은, 인턴 1년간 밤새워 일했던 것은 이 시험에 합격하기 위해서다. 게다가 경쟁도 치열했다. 당시 정신과 경쟁률이 2.78대 1이었다. 9명을 뽑는데 25명이 지원한 것이다. 그렇다면 어떻게 준비해야 하겠는가?

면접시험 준비와 별도로, 자기소개와 앞으로의 포부를 완벽하게 적은 후 달달 외워서 가야 한다. 단순하면서도 가장 확실한 방법이다. 손으로 쓴 A4 한 장 분량의 원고를 외우는 건 그렇게 어려운 일도 아니잖은가. 그런데 이 간단한 일을 하지 않고 시험장에 온 응시자가 있었다. 어떻게 알게 됐냐고? 그가 종료 시각을 넘겨 마지막으로 답안지를 제출하는 바람에 우연히 멀리서 보게 됐다. 답안지 곳곳이 볼펜으로 죽죽 그어져 있었다. 한눈에 봐도 엉망이었다.

그는 왜 그랬을까? 자신이 어떤 사람인지 파악하지 못하고 앞으로의 포부가 없어서 허둥거렸을까? 그러진 않았을 것이다. 오히려 자신의 능력이 뛰어나고 또 자신이 있어서, 군이 외우지 않고 시험장에 왔을 것이다. '설마 내가 자기소개서 하나 제대로 못 쓰겠어? 이런 흐름으로 쓰면 되겠지' 대충 생각하고 말이다. 그러나 A4 용지 한 장을 1시간 내에 완벽하게 채우는 일이 결코 쉽지 않다는 것을 고사장에서 처음 깨달았을 것이다. 결과는 어떻게 됐을까? 그는 25명 중 탈락한 16명에 포함됐다.

시험장은 내가 어느 정도의 실력을 갖췄는지 평가받으러 가는 곳이 아니다. 내가 이 정도 실력이라는 걸 보여주러 가는 곳이다. 이 차이를 알아야 한다. 올림픽에 출전하는 선수가 자신이 몇 등인지 알고 싶어서 나가겠는가? 형식상 심판의 점수를 받지만, 실제로는 '세상에서 내가 최고'라는 것을 알리러 가는 것이다.

출전하기 전 완벽히 준비해라. 그리고 그저 보여줘라. 확실하게 승리하는 단 하나의 비결이다.

2장

'반복'
하나면 된다

시험은 쪼잔하게 묻는다

이제 시험을 준비할 때 가장 중요한 무기가 '암기'라는 것을 확실히 알게 됐을 것이다. 너무나 당연한 얘기여서 '이 특별할 것도 없는 사실을 왜 이렇게 강조하지?'라고 생각할지도 모르겠다. 그러나 긴 지면을 할애한 이유는 혹시라도 당신이 엉뚱한 말을 하는 사람에게 현혹될까 봐서다.

시험을 잘 보려면 '암기를 해야 한다'라는 진실은 쏙 빼놓고, '이해력, 사고력, 창의력을 키우라' 같은 고상한 말들만 늘어놓는 사람이 너무나 많다. 물론 공부를 할 때 이해력과 사고력과 창의력을 발휘할 수 있으면 좋을 것이다. 없는 것보다 있는 게 당연히 낫지 않겠나.

하지만 시험에서는 이런 능력이 중요하지 않다. 나는 앞에서 심지어 이해력과 사고력을 시험장에서 되도록 발휘하지 말라고까지 말했다. 창의력은 말할 것도 없다. 시험장에서 창의력을 발휘하면 어떻게 되겠는가. 남들과 다른 답을 쓰겠다고? 큰일 난다.

다시 한번 강조한다. 시험 점수를 결정짓는 가장 큰 요인은 얼마나 외웠느냐다. 공부와 시험을 혼동하지 마라.

그렇다면 과연 얼마나 외워야 할까? 즉, 어느 정도로 외워야 할까? 답은 '되도록 빽빽하게'다. 가능하다면 문항 보기의 조사까지 몽땅 외워라. 틀린 보기든 맞는 보기든 모두 포함해서 하는 소리다. 예를 들어 '서명 및 직인'이 정답이라면, '서명 또는 직인'은 오답이라는 것까지 외우라는 것이다.

시험문제는 함정투성이다. '15일 초과일 경우 ~한다'라는 문장을 '15일 이상일 경우 ~한다'라고 해서 오답 보기로 제시한다. 대충 '15일을 기준으로 하는구나'라고 외우면 틀리기 쉽다. 세밀하게 암기해야 한다.

이 정도로 꼼꼼히 외우려면 어떻게 해야 할까? 어떻게 하긴 그냥 다 외울 때까지 반복해서 보는 수밖에. 이 말을 들으니 가슴이 답답해지는가? '이 많은 양을 어떻게 다 외우란 말인가!' 맞다. 불가능하다. 그러니 외울 양을 줄여야 한다.

양을 줄이고, 그 대신 촘촘하게 외우자. 알아보기 쉽게 숫자로 예를 들어보겠다. 당신이 공부할 수 있는 총량을 360이라고 가정해보자. 지금껏 180만큼을 두 번씩 공부해서 360을 채웠다면, 이제는 120만큼 세 번 공부하자. 그래도 원하는 점수가 나오지 않으면 공부 범위를 더 줄이자. 90만큼 네 번 공부하자. 이렇게 범위를 줄여도 되냐고? 물론 된다. 아니, 꼭 그렇게 해야 한다. 양보다 질에 공을 들여야 한다.

만약 당신이 시험 전에 전체 범위를 두 번 반복해서 봤다고 가정해보자. 적당히 외울 수 있을 것이다. 60%쯤 외웠다고 치자. 그런데 그 60%가 보기 5개 중에 3개만 알고 2개는 헷갈리는 식이면 어떻게 될까? 다른 문제도 마찬가지라면? 시험지가 지뢰밭으로 변한다.

아무리 3개의 보기를 확실히 알아도 2개의 보기를 헷갈린다면, 2개 중에 하나를 찍어야 한다. 한 문제당 맞힐 확률 50%다. 문제마다 이 보잘것없는 확률에 몸을 던져야 한다. 운 좋게 정답을 맞히더라도 그때마다 걸리는 시간이며 에너지가 상당하기에 후반부까지 집중력을 유지하기가 쉽지 않다. 잘못하면 쉬운 문제조차 실수해서 틀릴 수 있다.

차라리 범위의 60%만 보면서 완벽하게 외우는 게 낫다. 다섯 문제 중 3개만 풀 수 있고, 2개를 통째로 모르더라도 말이다. 그러면 확실히 60점은 받는다. 나머지 문제에서 운이 좋아 확률상(보기가 5개니까 한 번호로만 찍어도 정답 확률 20%다) 몇 개 더 맞으면 60점이 넘을 것이다.

'웅? 60점? 내가 지금 60점 받으려고 이 책을 읽고 있나?' 어쩌면 당신은 코웃음을 칠지도 모른다. 하지만 놀랍게도, 이 60

점을 못 받아서 불합격하는 사람이 상당히 많다. 최고 난이도를 자랑하는 시험을 말하는 게 아니다. 국민 수능이라고 불리는 공인중개사 시험을 예로 들면, 2022년 1차 합격률이 19.74%밖에 안 됐다. 응시자 80% 이상이 탈락했다는 얘기다. 17만 5,015명이 응시해서 14만 269명이 떨어졌다. 한 과목 최소 40점, 두 과목 평균 60점만 넘으면 되는데 말이다. 탈락자 중에는 1년간 이 시험에만 매진한 사람도 있다. 그런데 겨우 60점을 못 넘는다고? 이게 어찌 된 일인가?

문제가 쪼잔하게 출제되기 때문이다. 문항의 모든 보기를 명확히 알고 있지 않으면 헷갈리게 만들어놓아서 그렇다. 그런데 시험 범위가 꽤 넓다. 보통 수험생들이 공부하는 식으로 기출문제집과 기본서를 보고, 거기에 인터넷 강의까지 들으면서 이 모든 범위를 촘촘히 외우기란 불가능하다.

공인중개사 기출문제 몇 개를 보니, 의과대학에서 나름대로 암기력을 기른 나로서도 답이 안 나왔다. 솔직히 조금 당황했다. 성인이면 한 번쯤 도전하는 시험이라기에 만만하게 봤다가 큰코다쳤다. 사실 내가 이 시험을 갑자기 치르게 된 주된 계기는 공부법 책을 쓰기 위해서였다. 경시대회, 과학고, 의대, 전문의 시험까지 고난이도에 분야가 한정된 시험에 익숙해져 있었기에 보편적인 학습법을 전해주려면 시야를 넓힐 필요가 있다고 생각했고, 그래서 흔히들 본다는 공인중개사 시험을 택했다. 그런데 기출문제가 이렇게 어려울 줄이야. 또 분량도 상당했다.

이것만 완전히 익히기도 벅찰 것 같았다. 그래서 기본서와 인터넷 강의는 처음부터 포기했다. 과감히 기출문제집만 봤다.

그 결과는? 부동산학개론 87.5점과 민법 70점, 평균 78.75점으로 무난히 합격했다. 1차 공부 시간만 따지면 한 달 조금 더 되는 시간 만에 말이다.

누군가는 1년 공부해도 안 되는 시험을 어떻게 한 달 만에 통과했을까? 공부 머리가 달라서? 에이, 공인중개사 시험은 천재들을 대상으로 하는 시험이 아니다. 노력하면 대부분 합격할 수 있다. 나만의 비결이라면, 완벽히 외울 수 있는 분량을 파악하고 거기에 집중했을 뿐이다. 남들이 기본서, 기출문제집, 예상문제집까지 세 권의 책을 보며 허둥댈 때 한 권만 흔들림 없이 반복했을 뿐이다.

앞서 시험을 두려워하지 말라고 강조했다. 그저 외우기만 하면 쉽게 정복할 수 있는 것이라고 했다. 그러나 시험 자체는 결코 만만한 상대가 아니다. 대충 대비한 사람에게는 절대 좋은 점수를 주지 않는다. 완벽하게 외워야 답을 알려준다. 이것저것 훑으며 요행을 바라지 마라. 적게 봐도 좋다. 대신 단단히 암기해라.

공신들의 공통점, 반복

그럼 어떻게, 얼마만큼 외워야 완벽하게 외워질지 궁금할 것이다.

먼저 '어떻게'부터 살펴보겠다. 결론부터 얘기하자면, 여기에 대해서는 답을 탁 내기가 쉽지 않다. 사람마다 천차만별이기 때문이다. 100명의 학생에게 100가지 공부법이 있다는 말처럼 사람마다 다 다르다. 이른바 '공부의 신'이라고 불리는 사람들이 쓴 공부법 책을 봐도 그렇다. 전에 본 것을 되새김질하듯 매일 공부한다는 사람, 벽에다 붙여놓고 틈나는 대로 본다는 사람, 이미지를 떠올려서 기억에 새긴다는 사람, 목차별로 정리한다는 사람 등 다양하다. 따라서 '무조건 이 방법으로 외워라'라고 말하기가 어렵다.

하지만 이 수많은 공부법에도 한 가지 공통점이 있다. 즉, 시험을 잘 보려면 '이것은' 반드시 해야 한다는 뜻이다. 그게 무엇일까? 바로 반복이다. 공부의 신들은 완벽해질 때까지 반복한다. 예외는 없다.

이제 '얼마만큼'의 문제를 얘기해보자. 몇 번 반복하면 완벽해질까? 두 번? 세 번? 글쎄…, 그보다는 보통 많다. 나의 의과대학 입학 동기는 고3 때 국사 교과서를 여름이 되기 전에 이미 여덟 번 읽었다. 《미쳐야 공부다》의 저자이자 '공부의 신'이라는 말을 유행시킨 강성태 대표는 10회독 공부법을 실행했다고 한다. 서울대 법대 출신으로 사법시험 최연소 합격, 행정고시 수석 합격, 외무고시 차석 합격으로 유명한 고승덕 변호사도 시험을 준비할 때 10회독을 한다고 밝혔다. 이 정도로 많이 반복한다.

완벽한 암기가 뛰어난 머리나 신박한 공부법 덕분일 거라고 생각했는가? **미련해 보일 정도로 반복에, 반복에, 반복을 거듭하는 것이 가장 확실한 답이다.** 나는 지금까지 이 단순하고 고루한 방법보다 더 좋은 방법을 찾지 못했다.

겁먹지 마시라. 당신에게 지금 당장 10회독을 하라는 것은 아니다. 강성태 대표나 고승덕 변호사의 공부법을 보면 솔직히 나도 무섭다. 강성태 대표는 하루에 18시간을 공부해보라고 했고, 고승덕 변호사는 "밥도 책 보면서 먹는 등 하루 17시간 집중해서 공부하면 그래도 7시간이나 남는다"라고 말했다는데 나는 그렇게 못 하겠다. 대학 시절 시험 전날 그렇게 공부해본 적이 있기는 하다. 그러나 평소에는, 시험 이틀 전까지만 해도 그러지 않았다. 더 정확히 표현하자면 그럴 수 없었다.

10회독 자체만 봐도 그렇다. 그 인내심은 대체 어디에서 나오는 걸까? 3회독만 해도 지겨워 미칠 것 같은 게 시험공부다. 4회독 시작할 때쯤엔 속이 울렁거린다. 그런데 10회독이라고? 그 지겨움을 어떻게 참고 해내란 말인가.

그들은 초능력자임이 분명하다. 따라서 평범한 인간인 당신에게 그들처럼 공부하라고 요구할 생각은 전혀 없다. 또 10회독씩 할 필요도 없다. 사법고시를 꼭 최연소로 합격해야 하나? 행정고시를 꼭 수석으로 합격해야 하나? 그냥 합격만 해도 되는 것 아닌가. 자신이 원하는 목표를 이루기만 하면 된다. 원하는 대학에 꼴등으로 들어가도 입학만 하면 된다. 당신의 목표가 그저 합격이라면 10회독까지 하지 않더라도 문제없다.

나는 시험 기간에 보통 4회독을 했다. 그것이 나의 공부 최대치였다. 앞서 밝혔듯이 하루에 8시간 집중하기도 힘들고, 의지력도 그다지 뛰어나지 않은 사람이기 때문이다. 그만큼 공부했기에 서울대학교 의과대학에 수석으로 입학하지 못하고, 최우등 졸업을 하지 못하고, 공인중개사 시험 최고 점수는 못 받았다. 하지만 원하는 결과는 모두 이뤄냈다.

4회독쯤 하면 100%는 아닐지라도 웬만한 건 다 머리에 들어온다. 무의미한 단어의 조합조차 외울 수 있다(이에 대해서는 뒤에서 자세히 설명하겠다). 나의 공부 경험에 비춰보면, 난이도가 높은 시험은 1회독, 2회독, 3회독, 4회독 할 때 30%, 40%, 60~70%, 95~100%라는 느낌으로 머릿속 지식의 양이 늘어나는 것 같았다.

1~2회독 할 때는 좀처럼 머리에 들어오지 않아 막막해도, 3회독부터는 새로운 세상이 열린다고나 할까? 일단 용어들이 더는 낯설지 않다. 원래 알고 있었던 개념같이 느껴진다. 이해하지 못하는 대상을 어느 순간 그냥 익히게 되는 것이다. 이차방정식의 근이 $\frac{-b\pm\sqrt{b^2-4ac}}{2a}$ 라는 것을 자연스럽게 받아들이는 것처럼 말이다. 또 단편적인 지식들이 이어지며 큰 그림이 보이기도 한다. 나무가 아닌 숲을 보는 경지에 이른다. 헤매던 개념들이 죽 연결되며 돈오頓悟(단번에 깨달음)하게 된다.

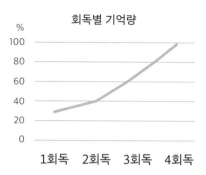

회독별 기억량

3회독 해서 70점 받을 걸 100점으로 올리는 단계가 4회독이다. 3회독을 해도 머리에 박히지 않던 내용이 4회독쯤 하면 드디어 머릿속에 자리를 잡는다. 이틀 후 시험 날까지 잊어버리지 않을 정도는 된다. 그때도 튕겨 나가는 지식은 따로 챙겨서 시험 날 아침에 마지막으로 눈에 바른다. 이런 방식으로 완벽을 도모할 수 있다.

4회독이면 한번 해볼 만하지 않은가? 이 정도만 해도 목표로 하는 시험에 다 합격할 수 있다. 평범한 당신도 이른바 '공부의 신' 소리를 들을 수 있다. 꼭 초능력자들만 공부를 잘할 수 있는 건 아니다. 두려워 말고 도전해보자.

n회독, 생각만큼 어렵지 않다

이제 4회독 하는 방법을 설명하겠다. 어느 정도 시간을 들여야 하는지, 일정을 어떻게 짜면 좋을지 알려주겠다.

먼저 용어부터 정리하자. 여기서 말하는 4회독은 오로지 '암기'하는 기간만을 의미한다. 강의를 '듣고', 문제집을 '풀고', 복습하면서 노트를 한 번 '정리'하고 등의 과정은 포함되지 않는다. 그것은 시험 기간에 외울 내용을 만드는 과정에 속한다.

많은 수험생이 강의를 한 번 들으면, 문제집을 한 번 풀면, 노트 정리를 한 번 하면 1회독을 했다고 착각하는데 그것은 절대 1회독이 될 수 없다. 외운 적이 없기 때문이다. 그저 선생님이 펼치는 공연을 보고, 맞나 틀리나 시험 삼아 퀴즈를 풀고, 손으로 쓰기만 했지 언제 외웠는가? 정리된 강의록, 답을 이미 써놓은 문제집 같은 걸 눈으로 보면서 '그저 암기만' 하는 것이 회독의 시작이다. 이 개념을 확실히 이해하길 바란다.

당신이 공부 좀 해본 사람이라면 2회독 정도는 이미 하고 있을 것이다. 거기서 두 번만 더 반복하면 된다. "아이고, 2회독 하는 것도 힘들어 죽겠는데 어떻게 2회독을 더 하라는 겁니까? 시간도 없고 체력도 안 돼요"라고 호소하고 싶은가? 이해한다. 그러나 내 얘기는 지금만큼을 더 하라는 뜻이 아니다. 해보면 안다. 2회독과 3회독, 4회독 시 소요되는 시간이 드라마틱하게 줄어든다. 그러니 아주 조금만 더 노력하면 된다.

1년에 한 번 보는 중요한 자격증처럼 시험 범위가 아주 넓은 경우를 보자. 만약 내가 1회독 하는 데 2주가 걸린다면 2회독에는 거의 1.5주가 걸린다. 운이 좋으면 1주가 안 걸리기도 하는데 시험 난이도가 낮은 경우다. 시험이 어려운 경우에는(성인이 된 후 치른 시험은 거의 그랬다) 1회독과 2회독에 걸리는 시간이 크게 다르지 않다. 하지만 3회독부터는 확실히 시간이 줄어든다. 2회독하는 데 10일이 걸렸다면 3회독은 5일, 4회독은 2일이면 된다.

<n회독에 소요되는 시간>

1회독(2주)

2회독(10일)

3회독(5일)

4회독(2일)

이 패턴은 거의 고정이다. 시험 볼 때마다 비슷하게 흘러간다. 왜 그럴까? 우리 뇌는 반복하면 달인이 되기 때문이다. 어떤 작업을 처음 할 때와 두 번째 할 때, 세 번째 할 때 점점 수월해지고 속도가 빨라진다는 사실은 당신도 경험으로 알고 있을 것이다.

공부도 마찬가지다. 지겨워서 3회독 이상 하기가 어려울 뿐 요구되는 노력 자체는 크지 않다. 4회독, 5회독, 6회독 등 반복 횟수가 늘어날수록 소요 시간은 더 줄어든다. 아마 내가 지금껏 해온 4회독 공부법을 버리고 10회독을 하겠다고 마음먹으면 불과 1주 정도만 더 해도 될 것이다.

6회독을 더 하는 데 1주가 안 걸린다고 어떻게 자신하냐고?

1회독에 2주가 소요됐는데? 일단 반복의 위대한 힘 덕분에 그렇다. 이미 네 번 반복한 정보는 뇌에서 아주 익숙한 정보로 취급된다. 전혀 모르는 분야를 공부하더라도 그 정도면 거의 외우는 수준이 된다.

다음 그래프는 독일의 심리학자 헤르만 에빙하우스Hermann Ebbinghaus의 기억 실험을 토대로 반복학습의 효과를 추정한 것이다.

<에빙하우스의 망각곡선: 반복 학습 횟수별 기억 보유량 변화>

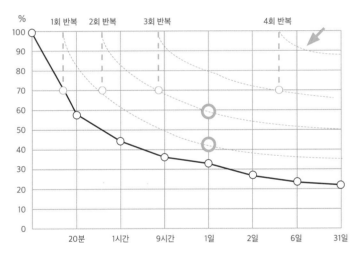

학습 후 경과 시간

에빙하우스는 피험자들에게 ZUX, BYZ 등 뜻을 알 수 없는 단어 약 2,000개를 조합하여 외우게 하고 시간이 지남에 따라 얼마나 기억할 수 있는지를 실험했다. 이 그래프를 보면 한 번,

두 번 반복했을 때는 하루만 지나도 절반 가까이 잊어버린다(동그라미). 뇌에서 이를 중요한 정보로 기억하지 않는다는 뜻이다. 세 번 반복하면 며칠 정도는 그럭저럭 기억한다. 그런데 네 번 반복하면 일주일이 지나도 90% 가까이 기억이 유지된다(화살표).

ZUX나 BYZ같이 무의미한 단어도 네 번쯤 보면 뇌는 영어 단어 apple을 기억하듯 익숙한 정보로 받아들인다는 얘기다. 그런데 우리가 공부하는 내용은 보통 유의미한 정보다. 즉, 뜻을 알 수 있는 단어와 이해할 수 있는 문장들이다. 4회독쯤 하면 웬만한 건 다 외워진다. 그러고 나면 소소한 부분만 채우면 되기 때문에 5~6회독에 걸리는 시간이 아주 적으리라고 예상할 수 있다. 추가하는 1회독당 몇 시간도 안 걸릴 수 있다.

공부의 신들이 10회독을 한다고 해서 지레 겁먹고 포기하지 마라. 당신보다 몇 달씩 더 공부한 것이 아니다. 불과 며칠 더, 몇 시간 더 공부했을 뿐이다. 그리고 다시 한번 강조하지만 꼭 신이 될 필요는 없다. 일단 4회독을 목표로 공부해보자. 지금보다 며칠만, 몇 시간만 더 노력해봐라. 완전히 다른 점수를 받게 될 것이다.

3장

시험은 단거리 경주다

최대한 마지막에 몰아붙여라

유독 공부에 관해서는 결과가 아니라 태도, 습관, 과정을 강조하는 사람들이 많은 듯하다. 특히 공부는 마라톤이라고 흔히 말하곤 한다. 중요한 시험을 치르려면 최소 1~2년 이상 준비해야 한다는 이유에서다. 얼핏 일리 있는 말처럼 들린다. 그래서인지 많은 수험생이 마라톤 선수가 훈련하듯 매일 장시간 달린다.

그러나 시험은 마라톤과 별 상관없다. 오히려 단거리 경주에 가깝다. 시험 당일 시험장의 풍경만 봐도 알 수 있듯이, 초치기를 하는 사람도 적지 않다. 마라톤 선수가 시합 직전에 종종거리며 안달복달하던가? 시험지는 당신이 1년 전부터 꾸준히 공부했는지 한 달 전부터 벼락치기로 공부했는지 전혀 관심이 없다. 공부 습관이 모범적이든 아니든, 시험지를 마주한 그 순간에 가장 많이 외우고 있는 사람이 승리한다. 그것을 과목당 1시간 남짓 짧은 시간에 쏟아내면 끝나는 것이다. 단거리 경주다. 이 사실을 깨닫는 것이 정말 중요하다. 그래야 제대로 준비할 수 있다.

꾸준하게 공부하는 것만으로 시험 점수가 잘 나올까? 글쎄…. 평생 시험 본 횟수로 따지면 대한민국 상위 0.1%에 속한다고 자신하는 내 경험에 비춰볼 때, 아닌 것 같다. 시험 점수는 막판에 에너지를 폭발시키느냐 아니냐가 더 크게 좌우한다. 인간의 망각 능력이 어마어마하기 때문이다. 앞서 잠깐 언급했듯이, 혹시 3일 전 점심으로 무얼 먹었는지 기억나는가? 아마 흐릿할 것이다. 3일 전에 밑줄 치고 공부한 부분을 다시 펴봐라. '이런 내용이 있었다고? 심지어 내가 밑줄까지 쳤다고?' 겁이 날지도 모른다(만약 당신이 여기에 공감하지 못한다면 기억력이 꽤 괜찮은 사람이라고 봐도 좋다. 어떤 시험이든 머리가 안 따라줘서 불합격하는 일은 없을 것이다).

우리는 정말 쉽게 잊어버린다. 그래서 시험공부는 최대한 마지막에 '몰아붙여야' 한다. 그래야 시험 날까지 그나마 덜 까먹을 수 있다. 만약 당신이 넉 달 동안 네 번 반복하기로 마음먹었다고 치자. 이때 꾸준히 한 달씩 네 번 보는 식으로 전략을 짜지 말길 바란다. 전반부 석 달은 교재를 정리하면서 슬렁슬렁 몸풀기를 하다가, 마지막 한 달 동안 네 번을 빠르게 반복하길 추천한다.

그림으로 표현하자면 다음과 같이 하라는 얘기다.

<4회독의 기간 전략>

1회독	2회독	3회독	4회독	(×)

외울 재료 준비	1회독	2회독	3회독	4회독	(○)

외우는 과정은 최대한 후반부에 집중해서 몰아붙여라. 회독 시간은 막판으로 갈수록 짧은 게 좋다. 예컨대 마지막 반복을 시험 전날 하루 만에 해낼 수 있으면 가장 좋다. 우리의 기억은 책을 덮은 그 순간부터 날아가기 시작하니까 말이다.

혹시 이런 의문이 드는가? '막판에 몰아서 더 집중하라는 것은 이해가 되는데, 왜 평소 공부는 슬렁슬렁하라는 걸까?' 그 까닭은 후반부 암기 과정이 생각보다 힘들기 때문이다. 말 그대로 체력과 인내심을 '쥐어짜야' 하는 과정이기에 아마도 이런 말이 절로 나올 것이다. "아우, 진짜 하기 싫어 죽겠네. '공부가 제일 쉬웠어요'라고 말한 사람 누구야? 어디서 거짓말이야! 공부가 제일 싫어. 아, 진짜 그만했으면 좋겠다. 내가 다시는 시험 보나 봐라."

실제로 시험 보름 전부터 당일까지 내가 중얼거리는 말이다. 너무 괴로울 때는 미친 사람처럼 온 집 안을 돌아다니기도 한다. 어떤 시험이든 그렇다. 암기 과정은 정말 고통스럽다.

이 고난의 시기를 버티려면 많은 에너지가 필요하다. 시험 기간이 시작되기 전 에너지 레벨을 최대한 끌어올려야 한다. 그래서 전반부는 그저 암기 기간에 볼 교재를 준비한다는 마음으로 적당히 하라는 것이다.

또 전반부에 아무리 열심히 외워도, 어차피 다 잊어버리고 후반부에 다시 암기해야 한다. 우리의 뛰어난 망각 기능 탓에 한두 달 전에 외운 내용은 시험장에서 써먹을 수가 없다. 물론 초반에 열심히 외운 것이 전혀 쓸모가 없는 건 아니다. 후반부 집중 기간에 암기 속도를 높이는 데는 도움이 될 것이다. 두 번째 외우는 게 첫 번째 외우는 것보다 당연히 나을 테니 말이다. 하지만 전반부에 드는 에너지 소모량을 생각하면 득보다 실이 크다고 생각한다. 단거리 선수가 시합 전에 마라톤을 뛰고 있으면 되겠는가?

무작정 열심히 하지 마라. 시험 잘 보는 방법은 따로 있다. 시험의 정체를 정확히 파악해라. 그리고 나의 암기 능력을 현실적으로 따져봐라. 그 후에 전략적으로 움직여라. 그럼 훨씬 더 좋은 성과를 얻을 것이다.

벼락치기는 필수다

벼락치기, 어떻게 생각하나? 게으르고 공부 못하는 사람들이나 하는 거라고 생각하나? 꼭 틀린 말은 아니다. 나같이 게으른 사람들이 벼락치기를 하는 건 맞다. 하지만 '공부 못하는'에서는 할 말이 좀 있다. 공부 잘하는 사람도 벼락치기를 한다. 아니, 공부 잘하는 사람 중에 벼락치기 안 하는 이들을 못 봤다.

서울대 의대에 다니는 학생들은 어떻게 공부할까? 도서관에서 매일 밤 11시까지 공부할까? 물론 그러는 친구들도 있다. 하지만 안 그러는 이들도 많다. 평소에는 도서관에서 가방만 공부한다. 가방 주인은 PC방에서 저녁 내내 놀다가 도서관 문 닫을 때쯤 나타나 챙겨 가는 게 보통이다.

그런데 신기하게도 시험을 보면 이들도 성적을 잘 받는다. 어떻게? 시험 기간에 죽어라 공부하니까. 그럼 평소에 꾸준히 공부하는 친구들은? 그들도 당연히 시험 기간에는 더 열심히 공부한다. 그냥 벼락치기 정도가 아니라 밤을 새우기도 한다. 즉, 평소에 공부하는 친구든 아니든 누구나 시험 기간에는 몰아쳐서 공부한다. 그래야 시험장에서 최대한 기억할 수 있기 때문이다.

시험 전날 공부했는지, 이틀 전에 공부했는지, 사흘 전에 공부했는지, 일주일 전 마지막으로 공부했는지에 따라 기억할 수 있는 정도가 확연히 다르다. '세상에서 가장 높은 산은 에베레스트'처럼 당연하게 느껴질 정도로 이미 체득한 지식이 아니라면, 일주일 이전에 외운 건 아예 믿을 게 못 된다고 보면 된다. 사흘 전에 외운 것도 가물가물하기 마련이다. 시험 전날, 길게 잡아서 이틀 전에 본 내용만 확신할 수 있다고 생각해야 한다.

우리의 기억력은 생각보다 형편없다. 따라서 최종 반복할 때 1~2일 내에 끝낼 수 있어야 한다. 마지막 회독할 때 3일 이상 걸렸다면, 시험장에 앉았을 때 3일 전에 본 내용은 헷갈린다. 과장하는 것 아니냐고? 그 정도도 기억하지 못하면 바보 아니냐고? 좋다. 실제 예를 보여주겠다.

다음은 공인중개사 시험을 준비하면서 내가 정리한 표다.

〈필요한 동의자 수〉

	인원수	토지면적
도시개발조합	1/2	2/3
재개발조합	3/4	1/2
재건축조합	3/4	2/3

당신이 열심히 공부한다면, 오늘 잠들기 전까지 이 표를 확실히 외울 수 있을 것이다. 그런데 3일 후에도 정확하게 기억할까? 게다가 이런 표가 수십 개인데? 아닐 것이다. 최소한 나는 못 한다.

다시 한번 강조한다. 우리는 기억력 앞에서 겸손해져야 한다. 머리 따위 믿지 말고 시험 직전에 최대한 빠른 속도로 반복해야 한다. 그래서 벼락치기가 필수라고 하는 것이다. 벼락치기는 안 좋은 공부법이라는 편견을 버려라. 그 평계로 하지 않으려 했다면, 오늘부터 태도를 바꿔라. 기억력이 특출나게 좋아서 일주일 전에 공부한 내용도 완벽히 답할 수 있는 사람이 아니라면 말이다.

평소 공부 습관이 어떻든, 시험을 잘 보고 싶다면 벼락치기는 꼭 해라. 벼락치기만으로 공부 잘하는 사람도 있다(솔직히 말하면 상당히 많다). 교육 전문가들이 들으면 기함할 소리일 것이다. 그러나 실제 시험을 치러야 할 수험생 입장에서는 꼭 명심해야 한다. 누가 뭐라고 하든 반드시 해라.

당신은 그동안 교육 전문가들로부터 "절대 벼락치기하지 마라"라는 이야기를 세뇌당하듯 들었을 것이다. 이유인즉 "벼락치기를 하면 단기간에는 효과가 있을지 몰라도…." 그렇다. **벼락치기는 단기간에 분명 효과가 있다.** 그런데 왜 활용하지 않는가?

공부한 내용을 자꾸 잊어버려요. 제 머리가 너무 나쁜 것 같은데 어떻게 하면 좋을까요?

먼저 지레 걱정할 필요 없다고 말하고 싶다. 성장 과정에서 발달 지연 등을 진단받은 적이 없다면, 며칠 전 본 드라마의 내용을 그럭저럭 기억할 수 있다면 시험을 무사히 치를 수 있을 것이다. 당신의 머리는 별문제 없다. 공부한 내용을 자꾸 까먹는 건 지극히 정상이다. 그러니 다들 머리 싸매고 반복해서 공부하는 것이다. 공부의 신이라고 불리는 사람들도 10회독씩 한다지 않나. 나도 그렇다. 심지어 나이가 들수록 더 심해진다!

내가 서른 살에 전문의 시험을 준비할 때는 불과 1시간 전에 본 페이지의 내용도 다 까먹을 지경이었다. '벌써 뇌가 퇴행하나?' 진지하게 고민하기도 했다. 그러나 세 번, 네 번 보다 보면 신기하게 어느 순간 머리에 박힌다. 혹시 네 번 봐도 기억나는 것이 없는가? 그럼 다섯 번, 여섯 번 봐라. 분명히 달라져 있을 것이다. 여기서 중요한 것은 반복하는 속도가 잊어버리는 속도보다 빨라야 한다는 점이다. 이것만 해내면 된다.

PART 2

어떤 시험이든
무조건 통한다

- 상위 1% 공부 끝판왕의
절대 합격 공부법

4장

공부 범위부터
확실히 정해라

잊지 마라, 우리는 천재가 아니다

스스로 머리가 나쁘다고 생각하는 사람이 얼마나 될까? 그다지 많은 것 같지 않다. 특히 일상에서는 정말 만나보기 어렵다. 당신은 본 적 있는가? 나는 직업이 정신과 의사다 보니 진료를 하면서 가끔 보긴 하는데, 자주는 아니다. 심한 우울증이나 불안장애로 찾아온 사람이 아니라면 보통 자신의 지능, 특히 암기력에 대해서는 크게 걱정하지 않는다.

오히려 자신의 능력을 과대평가하는 사람이 많다. 예를 들면, 시험을 준비할 때 도저히 외울 수 없는 분량을 공부하려 든다. 몇백 페이지에 달하는 두꺼운 기본서에 예상문제집 최소 두세 권, 모의고사 문제집, 학원 강의, 학원에서 나눠주는 교재를 모두 마스터하겠다고 목표를 정한다.

처음에는 호기롭게 시작한다. 그럴싸한 계획을 세우고, 하루에 12시간씩 공부할 양을 정한다. 그것부터가 애초에 말이 안 되는데도 '먹고 자는 시간 빼면 15시간이니까 12시간으로 잡아도 2~3시간 여유가 있지. 혹시 계획보다 조금 지연되더라도 걱정할 것 없어'라고 자신한다. 이 계획대로라면 최소 두 번은 반복하고 시험장에 들어갈 수 있으니 이번 시험은 잘 볼 것으로 믿는다. 그러나 마이크 타이슨이 말했다던가. "누구나 그럴싸한 계획을 갖고 있다. 처맞기 전까지는."

열심히 한다고 하는데도 진도가 계획표를 따라가지 못한다. 밀리고 밀리다 보니 시험 전 두 번은커녕 한 번도 제대로 못 보고 들어가게 생겼다. 갑자기 헷갈리는 문제가 떠올라 일주일 전에 공부했던 부분으로 돌아가 보니, 분명 외웠던 것인데 기억이 하나도 안 난다. '그렇다면 한 달 전에 공부한 첫 번째 챕터는 머리에 얼마나 남아 있는 거지? 이래서야 답을 쓸 수 있을까?' 공황 상태에 빠진다. 시험 일주일 전, 현실에 실컷 두들겨 맞고 포기할까 말까 고민하는 자신을 마주하게 된다.

초인적인 인내심을 발휘하여 하루 15시간으로 공부 시간을 늘려 겨우 시간표를 맞춘다고 해도 상황은 크게 달라지지 않는다. 두 번 반복하면 100% 대비할 수 있으리라고 생각했는데, 70%도 자신할 수 없는 것이다. '시험 때까지 날마다 밤이라도 새워야 할까?' 갑자기 머리가 원망스럽다. 울고 싶어진다.

남 얘기를 하는 게 아니다. 사실 내가 그랬다. 시험 때면 무슨 자신감이 그렇게 샘솟는지 도저히 실행할 수 없는 계획을 세우곤 했다. 또 '이건 꼭 해야 한다', '저건 필수다' 등 주변에서 하도 말이 많아 그걸 다 해야 하는 줄 알았다. 그러다 보니 감당할 수 없는 공부량에 겁먹기 일쑤였다.

시험에 나오지도 않을 지엽적인 내용에 집착하느라 정작 교과서에 나온 기본 문제를 틀리기도 했다. 초등학교 때는 제목이 그저 '문제은행'이라는 왠지 미심쩍은 문제집(들기도 어려울 정도로 두꺼웠다)을 푸느라, 고등학교 때는 《수학없는 물리》같은 참고 서적까지 공부하느라, 대학교 때는 해석도 안 되는 전공 서적 원문을 읽느라 공부를 잘 못했다. 고등학교는 중간에 포기했고, 대학교 때는 하마터면 1년 등록금을 날릴 뻔했다.

우리는 보통 공부를 덜 해서 못한다고 생각한다. 하지만 놀랍게도, **너무 많이 공부해도 실패한다**. 의욕 충만한 수험생들이 흔히 저지르는 실수다. 공부할 양을 과하게 잡아놓고 그것을 다 해내지 못했다고 자책한다. 그러면서 애꿎게 머리 탓만 한다.

머리 탓 얘기가 나와서 말인데, 반은 맞고 반은 틀리다. 당신이 천재가 아니기 때문이라는 건 맞다. 하지만 공부를 잘 해내지 못한 건 머리 탓이 아니다. 단지 너무 많이 공부하려고 했기 때문이다. 자신이 얼마나 공부해낼 수 있는지 정확하게 파악하지 못했기 때문이다. 따라서 이것만 바로잡으면 된다.

당신이 확실히 외울 수 있는 공부 범위를 찾아라. 지금까지 공부량에 압도당해 실패했다면 과감히 줄여라. 무작정 뛰어들어서는 절대 성공할 수 없다. 해낼 수 있는지 없는지 정도는 판단하고 덤벼야 하지 않겠나?

잊지 마라. 우리는 천재가 아니다. 과대망상에 빠질 때마다 이 사실을 계속 되새겨라. 당신의 능력이 어느 정도인지 정확히 파악해라. 그에 맞춰 전략을 짜라. 냉철하게, 현실적으로 접근해라. 그러면 시험을 잘 볼 수 있다.

성적을 올리고 싶으면 교재를 줄여라

그럼 어느 정도 공부하면 좋을까? 당장 감이 오지 않을 것이다. 아직 시험 경험이 부족할 테니 말이다. 실패도 해보고 성공도 해봐야 알 수 있다. 나도 내 암기 능력이 어느 정도인지 의과 대학에 가서 수십 번의 시험을 본 후에야 겨우 깨달았다. 스물세 살 때까지 자신을 과대평가해왔단 소리다.

지금은 기출문제집만 척 봐도 어느 정도 양을 공부해야 할지 감이 온다. 배경지식이 전무한 분야도 마찬가지다. 법 없이 살아왔던 내가 법으로 가득 찬 공인중개사 시험을 준비하면서 기본서조차 안 보겠다고 마음먹은 것은, 내 분수를 잘 알았기 때문이다.

혹시 이미 자신의 공부 한계를 느껴봤는가? 그렇다면 딱 '그 이하만큼' 공부해라. 만약 공부 능력의 한계치를 경험해본 적

없다면? 아직 잘 모르겠다면? 걱정하지 마라. 당장 써먹을 방법을 알려주겠다.

<공부할 범위>
- 기출문제집 → 기본서/강의 교재 → 예상문제집 한 권

이상의 순서대로 보면 된다. 기출문제집을 먼저 공부하고, 점수를 올리는 데 필수적이라고 판단되면 기본서를 읽는다. 기본서까지 완전히 익혔는데도 여유가 있으면 예상문제집까지 볼 수도 있다.

주의할 것은 이것들을 다 보라는 얘기가 아니라는 점이다. 만약 기출문제를 살펴봤더니 난이도가 너무 높거나 시험 범위가 너무 넓다고 느껴지거든 기출문제만 완전히 공부하는 것을 목표로 삼아라. 기본서까지 암기할 생각은 하지도 마라.

기본서는 과목당 보통 수백 페이지다. 일테면 800페이지 안에서 고작 40문제 나오는데, 어디서 출제될지 어떻게 알겠는가? A4 반 장만 한 복잡한 표를 1시간을 들여 외웠는데 과연 이게 시험에 나올까? 이런 표만 50개가 넘는데? 공부하면서도 기운이 빠진다. 만약 학습한 범위에서 나오더라도 제대로 답을 쓸 수 있을지 확신할 수 없다. 불안해 미친다. 기본서는 기출문제집만 봐서는 도저히 이해가 안 될 때, 전체 맥락을 그려야 할 때 참고하는 용도로 쓰면 충분하다.

예상문제집은 말할 것도 없다. 1년에 한 번 보는 자격증 시험은 보통 기출문제집만 모아도 1,000페이지가 훌쩍 넘는다. 이것만 공부해도 벅차다. 게다가 기출문제집이 있는데 굳이 예상문제집을 또 풀 이유가 뭔가? 95점, 98점을 다투는 시험이 아니라면 말이다. 어차피 예상문제는 기출문제를 변형한 것일 뿐이다. 기출문제의 옳은 보기를 정확히 외우고, 다른 보기가 틀린 이유를 명확히 암기하면 된다.

기출문제집에 없는 창의적인 문제가 예상문제집에는 있는데, 시험에 그것이 나올 수도 있지 않냐고? 그럴 확률이 얼마나 될 것이며, 또 나온다고 해서 맞힐 수 있을까? 예상문제집까지 공부하는 데 추가로 드는 시간은 어떻게 마련하나? 그 시간에 기출문제집을 한 번 더 보는 게 시간 대비 적중률이 훨씬 높은 방법이다.

한편 신박한 문제는 문제 자체가 이상할 때가 굉장히 많다. 그러니까 지금까지 출제가 안 된 것이다. 답이 2개거나, 답이 없거나, 해석하기에 따라서 답이 바뀌거나 등 은근히 오류가 있다. 공인된 국가 자격증 시험조차 출제자가 모두 모여 교차로 체크하고 심혈을 기울여도 논쟁거리가 생기는 문제가 몇 개씩은 꼭 있다. 그럴 때는 가답안 발표 후 '전원 정답' 또는 '2번, 3번 모두 정답'으로 처리하곤 한다. 그러니 예상문제집은 어떻겠나. 오류가 있는 문제 때문에 제대로 알고 있는 개념조차 혼란스러워지기도 한다.

무엇보다 문제인 것은 기본서나 예상문제집에 시간을 허비하느라 정작 기출문제를 제대로 못 외우고 고사장에 들어갈 수 있다는 점이다. 이러면 죽도 밥도 아닌 상태에서 시험을 보게 된다. '한 번 공부한 것도 다 생각나게 해주세요! 제발요!' 요행을 바라면서 말이다. 그러나 행운은 웬만해선 우리를 찾아오지 않는다. 제발 자신의 능력을 과대평가하지 마라.

기본서와 예상문제집을 꼭 봐야 하는 경우는 두 가지다. 첫 번째는 상대평가로 줄 세우기를 할 때다. 두 번째는 상대평가로 정해진 인원만 뽑을 때다. 이때는 최대한 높은 점수를 받아야 하므로 기본서를 본다. 기본 교재를 공부한 후, 여력이 있다면 예상문제집 한 권을 추가로 본다. 이 두 가지 경우가 아니라면 보통 기출문제집만 봐도 충분하다.

여기까지 정리하면 다음과 같다.

<공부할 범위>
• '난이도 높음' 또는 '범위 무한' 또는 '절대평가' → 기출문제집
• '난이도 낮음' 또는 '범위 한정' 또는 '상대평가' → 기출문제집 + 기본서 + 예상문제집 한 권

어떤 시험을 치르는지에 따라 예시한 공부 범위를 참고하여 선택하면 된다. 예를 들면 고난이도 국가고시 중 범위가 무한하고 절대평가인 경우, 기출문제집만이라도 완벽히 외우는 것을 목표로 한다. 열심히 공부하면 80~90점 이상 나올 정도의 시험

이고 상대평가라면 기출문제집, 기본서, 필요하다면 예상문제집까지 본다. 상대평가여도 난이도가 극악이라면 기출문제집만 암기한다.

이제 공부할 범위를 명확히 정할 수 있겠는가? 자격증을 따려면, 무조건 기본서와 1년짜리 강의부터 등록해야 한다는 생각을 버려라. 먼저 자신이 어떤 대비를 해야 하는지 알기 위해 시험의 정체부터 파악해라. 그리고 전략을 짜라. 지피지기백전불태知彼知己百戰不殆라 했다. 시험을 알고 자신의 역량을 안다면 절대 실패하지 않을 것이다.

실행 가능한 공부량을 파악해라

공부 범위를 정하는 또 하나의 중요한 기준은 '자신이 진짜 실행할 수 있는지 아닌지'다. 하루 15시간씩 공부했다는 수험생이 할 수 있는 양과 당신이 할 수 있는 양은 당연히 다르다. 남이 이만큼 공부한다고 따라 해선 안 된다.

또 당신이 '하고 싶은' 양과 '할 수 있는' 양도 엄연히 다르다. 최대한 객관적으로 자신의 능력을 파악해야 한다. 그래야 머릿속 계획을 실행할 수 있고, 시험 준비 막판에 당황하는 사태를 예방할 수 있다. 지금부터는 그 방법을 구체적으로 알려주겠다.

먼저 일주일 시간표를 그려보자. 일단 밤 10시 이후는 공부하는 시간으로 채우지 마라. 그 시간에 공부를 하면 수면의 질이 떨어지기 쉽다. 지식을 담기 위해 우리 뇌는 최대한 각성 상태를 유지하려고 하기에 도파민, 노르에피네프린이 치솟는다. 뇌가 흥분한다. 공부가 끝난 후에도 그 여파가 한참 동안 남기 때문에 흥분이 가라앉지 않아 잠드는 데 오래 걸린다.

게다가 어차피 밤 10시 무렵에는 신체적으로 피곤해서 집중이 잘 안된다. 같은 시간 공부해도 낮보다 해낼 수 있는 양이 적다. 이럴 때 굳이 공부를 하느라 체력을 낭비할 필요 없다. 낮에는 할 일이 많아 집중하기 어렵고 밤에만 겨우 조용한 시간을 낼 수 있는 경우라면, 차라리 10시에 자고 다음 날 일찍 일어나 공부하는 전략을 취하는 것이 좋다. 뇌가 장시간 쉬고 난 이후이므로 집중하기가 훨씬 쉽다.

• 12시 취침(밤 10~12시 공부) → 10시 취침(아침 5~7시 공부)

밤 시간을 비웠다면, 다음 단계로 식사 및 일상적인 일과에 소요되는 시간을 여유 있게 잡는다. 3시간 정도 비우자. 초등 6학년 공부 유튜버가 밥 먹는 시간을 15분으로 잡는다는데, 그러지 말자. 심지어 밥 먹으면서도 공부하라는 사람이 있던데, 제발 그러지 말자. 공부도 다 잘 먹고 잘 살자고 하는 일이다. 한 끼 식사에 아무리 오래 걸려도 30분이면 넉넉하다. 스마트폰 한 번 잡을 때마다 날아가는 시간에 비하면 아무것도 아니다. 수험 생활은 괴롭다. 밥이라도 편하게 먹자.

만약 당신이 종일 공부할 수 있는 전업 수험생이라면, 여기에 추가로 2~3시간을 비우자. '응? 이미 하루에 자는 시간 8시간, 밥 먹고 씻고 화장실 가는 시간 3시간, 이런저런 이동 시간 2시간을 제외하면 11시간밖에 안 남는데 2~3시간을 더 비우라고? 진짜로?'라고 묻고 싶을 것이다. 맞다, 하루에 최대 8~9시간 공부하라는 얘기다.

아무리 수험생이지만 인간적으로 하루에 2~3시간은 쉬어야 하지 않겠나. 운동도 하고, 숨 돌릴 취미 생활도 하고, 사랑하는 사람들과 대화할 시간 정도는 있어야지 몇 달씩 틀어박혀 공부만 하면 우울해지지 않겠는가. 실제로 정신과 외래에 수험생들 많이 온다.

아무리 그래도 공부 시간이 너무 적지 않냐고? 만약 여건이 허락한다면, 나는 여기서 더 줄이라고 요구할 생각이다. 8~9시간 중 실제 공부할 시간은 6시간으로 가정하고 계획을 세우길 바란다.

무슨 소린가 싶을 것이다. 남들은 15시간씩 공부하는데 6시간만 공부하도록 계획을 짠다니 말이 되냐고? 당연히 말이 된다. 오히려 하루 15시간씩 공부한다는 게 말이 안 되는 소리다. 한번 진짜 열심히 공부해봐라. 6시간 하는 것도 힘들다.

만약 6시간 집중해서 공부해도 힘들지 않다면 당신은 강철 체력의 소유자이거나 집중을 덜 했거나 둘 중 하나다. 전자라면 공부를 더 해도 된다. 더 할 수 있다는데 말릴 이유가 뭐겠는가. 응원한다. 하지만 후자라면 더 집중해라. 6시간 지나면 더는 공부할 수 없다는 느낌이 들 정도로 밀도 있게 공부해라. 그리고 남은 시간은 푹 쉬어라. 그래야 번아웃 없이 끝까지 갈 수 있다. 또 이렇게 집중해서 공부해 버릇해야 시험 직전 암기 기간에 남들보다 더 많이 공부할 수 있다. 막판에 12시간으로 공부 시간을 늘리면 훅 치고 나갈 수 있다.

'8~9시간을 잡았는데 6시간 동안 지칠 정도로 집중해서 공부하면, 2~3시간이 남는걸? 그땐 뭐하지?' 궁금한가? 이것도 공부를 해보면 안다. 우리네 인생사에서 계획대로 되는 일은 거의 없지 않나. 갑자기 부모님께 전화가 오거나, 친구가 카톡으로 뭘 물어보거나, 날씨 뉴스 클릭했다가 세계정세까지 살펴보게 되거나 등 온갖 일이 끼어든다. 이뿐인가. 졸리고, 왠지 소화가 잘 안되는 것 같고, 머리가 아프고, 허리가 쑤시고, 눈이 침침하고…. 몸도 안 따라준다. 6시간 동안 하겠다고 계획한 공부량을 8~9시간 동안 해야 겨우 마칠 수 있을 것이다.

따라서 공부 계획은 하루 최대 8~9시간으로 잡되, 목표 분량은 6시간 동안 할 수 있는 양으로 정하면 된다. 구체적으로 예를 제시하겠다. 다음과 같이 하루 계획을 세우면 된다.

<하루 공부 계획 예>
• 당신이 실제 시간당 공부할 수 있는 양이 10페이지일 경우

- 하루 공부 목표량: 60페이지(10페이지 × 6시간)
- 하루 공부 계획 시간: 8~9시간

이렇게 현실적으로 당신이 해낼 수 있는 하루 공부 계획을 짜면 된다. 이제 거의 다 됐다. 그러나 아직 완성된 것은 아니다. 한 단계가 더 남아 있다.

일주일 계획에서 주말 중 하루를 비워라. 7일 중 6일 치만 계획을 짜라. '보석 같은 주말을 왜 비워두라는 거지? 경쟁자들은 주말에도 마구 달릴 텐데?' 의문이 들것이다. 일주일에 하루씩 쉬라는 뜻으로 한 말이 아니다. 주중에 일정이 밀릴 경우를 대비해서 공백으로 남겨두라는 얘기다. 하루 목표량을 아무리 여유 있게 잡아도 분명 계획이 또 틀어진다. 해야 할 잡일이나 체력 저하 등 이런저런 사정으로 밀린 한 주간의 진도를 만회할 여유를 두는 것이다.

여기까지 적용해서 주간 계획을 짜보자.

<주간 공부 계획 예>
• 당신이 실제 시간당 공부할 수 있는 양이 10페이지일 경우
- 하루 공부 목표량: 60페이지(10페이지 × 6시간)
- 주간 공부 목표량: 360페이지(60페이지 × 6일)

이런 식으로 자신이 한 주에 어느 정도 양을 해낼 수 있을지

정밀하게 파악해야 한다. 이를 이용하면 전체 범위를 한 번 공부하는 데 시간이 얼마나 걸릴지 가늠할 수 있다. 예를 들어 공부해야 할 분량이 720페이지이고 당신이 하루에 60페이지를 공부할 수 있다면, '720 ÷ 60 = 12'이므로 12일이 걸린다. 여기에 일정이 밀릴 경우까지 반영하면 14일, 즉 2주 만에 전체 범위를 한 번 공부할 수 있다는 뜻이다.

이런 식으로 계산했을 때 시험 날까지 4회독을 할 수 있을지 셈해보면 된다. 충분히 할 수 있다는 판단이 들면, 제대로 찾은 것이다! 바로 그만큼이 당신이 준비할 수 있는 시험 범위다.

5장

최단기 고효율의
4회 반복 공부법

모르는 것만 남기는 것이 핵심이다

이제 각 회독에서 무엇을 어떻게 공부해야 하는지 구체적으로 알려주겠다.

1회독을 할 때는 몇 달간 당신이 준비한 '암기할 재료'의 모든 글자를 그저 읽는다. 읽으면서 '지금 당장 시험문제로 나오면 조금이라도 틀릴 가능성이 있는 부분', 즉 원래부터 확실히 알고 있는 내용이 아닌 부분에 연필로 밑줄을 긋는다.

2회독을 할 때도 모든 글자를 읽는다. 1회독 때 집중력이 흐트러져서 대충 지나간 곳이 있을 테니 다시 한번 훑는 것이다. 전체 내용을 읽으면서 '지금 당장 시험문제로 나오면 조금이라도 틀릴 가능성이 있는 부분'을 다시 연한 노란색 펜으로 모두 밑줄 긋는다. '어차피 2회독 때 전체를 다 읽을 거라면 1회독 때

군이 밑줄을 그을 필요가 있나?' 싶을 것이다. 이렇게 하는 이유는 산만하기 일쑤인 나의 주의력을 보완하기 위해서다. 밑줄이 그어져 있으면 아무래도 더 열심히 보게 될 것 아닌가. 나는 인간의 주의 집중력이 얼마나 형편없는지 잘 안다.

3회독 때는 2회독을 하면서 노란색 펜으로 밑줄 그은 부분만 읽는다. 노란색 밑줄이 그어져 있지 않거나 연필로만 밑줄이 그어진 부분은 과감히 지나간다. 그리고 3회독을 해도 여전히 낯선 부분은 하늘색 진한 펜으로 밑줄 긋는다.

4회독 때는 3회독을 하면서 하늘색 펜으로 밑줄 그은 부분만 읽는다. 이때도 헷갈리는 부분은 진한 빨간색 펜으로 밑줄을 긋는다. 필요하다면 노트에 따로 메모한다. 시험 날 아침에 마지막으로 읽기 위한 용도이니, 나만 알아볼 수 있는 수준으로 최대한 짧게 정리하면 좋다. 이것으로 시험 준비는 끝이다.

<각 회독에서 할 일>

	소요 시간	읽는 범위	모르는 부분 표시하기
1회독	14일	본문 전체	연필
2회독	10일	본문 전체	노란색 펜
3회독	5일	노란색 펜	하늘색 펜
4회독	2일	하늘색 펜	빨간색 펜 + 노트 메모

2회독까지는 교재 전부를 읽으라면서, 왜 3회독부터는 아는 부분은 과감히 지나가고 밑줄 친 부분만 읽으라는 건지 궁금한가? 2회독 할 때 확실히 알고 있다고 느끼는 내용은 보통 시험 날까지 기억할 수 있기 때문이다.

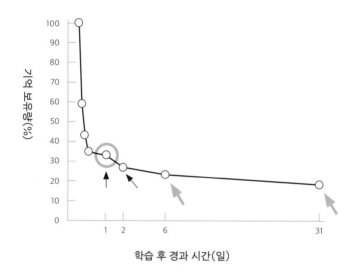

앞서 소개한 에빙하우스의 망각곡선을 다시 보자. 무의미한 단어를 학습했을 때 하루 만에 대부분의 정보를 잊어버리지만 (동그라미), 일주일 후까지 기억하는 것들은 보통 한 달이 지나도 남아 있다는 걸 확인할 수 있다(화살표). 그런데 2회독을 하는 시점은 1회독을 시작한 지 10일 이상 지났을 때다. 예를 들어 1회독을 1~14일에 했다면 2회독은 15~24일에 하게 된다. 따라서 2회독 시 확실히 알고 있는 정보라면 시험 날까지 기억할 가능성이 크다고 할 수 있다. 그래서 2회독 때 이미 익숙한 사실은 3회독 때부터 제외하고 읽으라는 얘기다.

혹시 2회독 때 놓친 게 있을까 봐 불안하지 않냐고? 당연히 불안하다. 실제로 2회독 때는 기억했는데 시험 날까지 며칠 사이에 잊어버리는 기억도 약간 있을 것이다. 그럼에도 이 불안을 이겨내야 한다. 그래야 '모르는 것'에 집중해서 공부할 수 있다.

시간이 모자라 죽겠는데 아는 것까지 계속 봐야 한다면 모르는 것은 대체 언제 공부하나? 보통 수험생이 여기서 과감해지지 못한다. 대부분 수험서가 첫 번째 챕터만 너덜너덜하고 뒤쪽은 깨끗한 것도 이 때문이다. 만약 공부를 제대로 했다면 첫 번째 챕터나 마지막 챕터나 똑같이 닳아야 한다. 그러려면 아는 것은 놓아버려야 한다.

막판으로 갈수록 밀도 있게 공부해야 한다. 진짜 외워야 할 것만 남겨라. 시간뿐 아니라 기억 용량 면에서도 그렇다. 나는 시험 일주일 전쯤 되면 머릿속이 꽉 찬 느낌이 든다. 이 시기에는 한 가지 정보를 추가로 넣으면 기껏 외운 지식이 그만큼 밀려나는 것 같다. 그래서 그 기간에는 뉴스를 안 본다. '지인이 어디 취직했다' 정도의 가벼운 소식도 최대한 안 들으려고 한다. 남들은 어떤지 모르겠는데, 확실히 내 머리는 하루에 넣을 수 있는 양에 한계가 있는 것 같다. 최대치에 도달하면 더 공부해도 들어가지 않는 느낌이다. 당신도 나와 같다면 '현재 부족한 부분만' 남겨라. 해야 할 공부량을 최소로 만들어라.

이처럼 아는 것을 버리고 모르는 것만 남기는 방식을 택하면 짧은 시간에 효율적으로 공부할 수 있다. 무작정 열심히 하지 마라. 전략적으로 행동해라. 이미 아는 것을 계속 보는 건 시간 낭비다. 마음은 편안하겠지만 성과가 없다. 자신이 모르는 것이 무엇인지 계속 점검해라. 그 부분을 점차 줄여나가면 된다. 모르는 것을 전부 없애는 것, 그래서 만점을 받는 것, 이것이 시험 공부의 최종 목표임을 잊지 마라.

단기·중장기 시험별 일정 전략

이제 시험 기간에 계획을 세우는 방법을 알려주겠다. 시험마다 준비 기간이 다르니 단기와 중장기로 나눠서 살펴보자. 단기 시험은 중간고사나 기말고사같이 두 달 정도 만에 치르는 시험, 중장기 시험은 최소 6개월에서 1년에 한 번씩 보는 시험을 말한다.

<시험별 일정 짜기>

• 단기 시험(총기간: 8주)

시험 기간에 외울 재료 만들기	1회독	2회독	3회독	4회독
6주	7일	4일	2일	1일

• 중장기 시험(총기간: 6개월 또는 12개월)

시험 기간에 외울 재료 만들기	1회독	2회독	3회독	4회독
5개월 또는 11개월	14일	10일	5일	2일

기본적으로 이상의 틀을 기준으로 시험의 난이도와 분량에 따라 며칠씩 가감하면 될 것이다. 총 8주 정도 준비하는 단기 시험이라면 시험 2주 전까지는 암기할 재료를 마련하고(강의 듣기, 교재 정리 등), 암기 기간에는 1회독 7일, 2회독 4일, 3회독 2일, 4회독 1일 정도를 할애해라. 6개월 이상 준비하는 중장기 시험은 시험 한 달 전까지 암기할 재료를 준비하고, 암기 기간에는 1회독 14일, 2회독 10일, 3회독 5일, 4회독 2일로 계획을 짜면 된다.

혹시 속도가 너무 빠르다는 생각이 드는가? 특히 중장기 시험에서는 수백 수천 페이지를 공부해야 하는데, 아무리 암기에만 집중한다고 해도 2주 만에 1회독을 할 수 있겠느냐고? 하지만 직접 해보면 충분히 가능하다는 걸 알게 될 것이다.

앞서 실행 가능한 공부량을 계산하면서 시간당 10페이지로 잡을 때 하루 6시간씩 보면 2주에 720페이지를 공부할 수 있다고 했던 것, 기억나는가? 시험 기간이니까 꾹 참고 하루 9시간으로 늘리면 2주에 1,080페이지를 공부할 수 있다. 만약 시험 경험이 적어 속도가 느려서 1시간에 5페이지만 읽을 수 있다고 해도 2주면 540페이지를 볼 수 있다. 심지어 1시간에 2페이지만 읽을 수 있다고 해도 2주면 216페이지다.

<집중 암기 2주간 읽어낼 수 있는 양>

• 하루 9시간 공부할 경우

- 시간당 2페이지를 읽는다면(페이지당 30분) → 총 216페이지

- 시간당 5페이지를 읽는다면(페이지당 12분) → 총 540페이지

- 시간당 10페이지를 읽는다면(페이지당 6분) → 총 1,080페이지

- 시간당 15페이지를 읽는다면(페이지당 4분) → 총 1,620페이지

당신이 암기해야 할 교재가 총 몇 페이지인가? 앞서 알려준 대로 공부할 것과 하지 않아도 되는 것을 잘 선택했다면 충분히 해낼 수 있다. 2주 만에 1회독을 하는 건 절대 불가능한 일이 아니다. 직장인처럼 시간을 내기가 어렵거나, 학습해야 할 양이 압도적으로 많거나, 공부 속도가 다소 느리다면 1회독을 3주 정도로 약간 조정하면 된다.

혹시 암기할 총 분량이 2,000페이지를 넘어서 도저히 2주 안에 1회독을 할 수가 없는가? 그렇다면 교재를 더 줄여라. 그렇게 많은 양을 공부하면 죽도 밥도 안 된다.

1회독을 한다는 것은 그 범위를 다 외우겠다는 뜻이다. 2,000페이지 넘게 외울 수 있다고 생각하나? 이 안에서 시험문제가 나오면 다 맞힐 수 있으리라고 생각하나? 재차 강조하지만, 당신은 천재가 아니다. 적게 보고 확실히 외우는 편을 택해라. '기출문제집 → 기본서/강의 교재 → 예상문제집' 순서로 선택하고 과감히 쳐내라.

앞서 말했듯이 나는 공인중개사 시험을 준비할 때 기출문제집만 보기로 했다. 나의 기억 한계치를 잘 알기 때문이다. 내가 구매한 공인중개사 기출문제집은 1차 792페이지, 2차 1,144페이지였다. 광고나 목차 같은 것을 제외해도 1, 2차를 합치면 1,800페이지가 넘었다. 게다가 함정 문제가 많아서 세세하게 100% 암기해야만 답을 맞힐 수 있을 것 같았다. 그래서 기출문제집만 완벽히 외우기로 한 것이다. 이제 왜 내가 그런 선택을 했는지 확실히 알겠는가?

6장

그저 진도를
나간다

완전히 알지 못해도 일단 읽고 지나간다

공부할 양을 정하고 일정까지 짰으니, 이제는 계획한 대로 진도를 나가면 된다. 멈추지 않고 죽죽 보면 된다.

그런데 여기서 문제가 생길 수 있다. 호기롭게 공부를 시작했는데, 교재가 도무지 이해가 안 되는 것이다. '혹시 집중력이 떨어져서인가?' 눈을 부릅뜨고 다시 봐도 매한가지다. 바보가 된 것인지 아주 쉬운 지문 말고는 온통 외계어처럼 느껴진다. 이럴 땐 어떻게 해야 할까?

결론부터 말하면, 그냥 밑줄 긋고 넘어가라. 앞서 1회독 시 '지금 당장 확실히 아는 것, 시험에 나오면 답을 쓸 수 있는 것'을 제외하고 모두 연필로 밑줄을 그으라고 했다. 그대로 하면 된다. 그랬다간 교재의 90%는 밑줄 쳐야 한다고? 괜찮다. 나도 매번 그렇다. 대학 입학 이후에는 모든 시험이 이런 식이었다. 처음부터 이해가 되고 머리에 쏙쏙 들어오는 기적은 몇 줄에서밖에 맛보지 못했다. 강의를 적당히 알아듣고 평소 나름대로 복습도 했던 과목 역시 마찬가지였다.

다음은 의과대학 본과 1학년 때 배우는 생리학 교과서 1장의 내용을 발췌한 것이다.

칼슘펌프

대부분의 **세포막**에는 칼슘펌프(Ca^{2+} ATPase, Ca^{2+} pump)가 존재하며, 이를 **PMCA** (plasma-membrane Ca^{2+} ATPase, 형질막 칼슘펌프)라 부르기도 하는데, 이 펌프는 전기화학적 경사를 거슬러 세포 밖으로 Ca^{2+}을 퍼내는 역할을 하며, 하나의 Ca^{2+}을 퍼낼 때마다 한 분자의 ATP를 소모한다. PMCA는 부분적으로 세포 안의 Ca^{2+} 농도를 매우 낮게 유지하는 데 이바지한다. PMCA 이외에도 근육세포의 **근육세포질그물**(sarcoplasmic reticulum, SR)과 근육세포 이외의 다른 세포의 **세포질그물**(endoplasmic reticulum, ER)에는 변형 칼슘펌프가 존재하는데, 이들은 세포내액에서 근육

세포질그물(SR)이나 세포질그물(ER)로 하나의 ATP를 소모하면서 두 개의 Ca^{2+}을 퍼 넣어 Ca^{2+}을 격리한다. 이 변형 칼슘펌프는 **SERCA** (sarcoplasmic and endoplasmic reticulum Ca^{2+} ATPase)라 부른다. 칼슘펌프는 소듐펌프와 유사하게 동작하는데, Ca^{2+}에 친화성이 높은 E_1 상태와 친화성이 낮은 E_2 상태가 존재한다. PMCA의 경우 E_1 상태에서 세포 안의 Ca^{2+}과 결합한 후 구조 변화를 일으켜 E_2 상태로 바뀐 후 세포외액에 Ca^{2+}을 유리하게 된다. SERCA의 경우 E_1 상태에서 세포 안의 Ca^{2+}과 결합한 후 E_2 상태에서 근육세포질그물(SR) 또는 세포질그물(ER) 안쪽에 Ca^{2+}을 유리하게 된다.

과연 이 내용을 단번에 이해하면서 진도를 나갈 수 있을까? 질문을 바꿔보겠다. 이해가 안 되면 진도를 멈춰야 할까? 나는 진도를 계속 나가라고 할 것이다. 이해가 안 된다고 멈췄다간 시험 날까지 1회독도 못 끝낼 수 있기 때문이다.

의과대학에 다니던 시절, 성실하기로 유명한 선배가 한 학년 유급을 했다. 생리학 교과서의 3분의 1도 못 읽고 시험장에 들어갔기 때문이다. '이해가 안 되면 진도를 나갈 수가 없어서'가 그 이유였다. 그 이야기를 전해 들었을 때 감탄이 나왔다. "생리학 교과서를 3분의 1 가까이 이해했단 말이야? 역시 그 선배 대단하네."

애초에 교과서는 당신을 이해시키기 위해 만들어진 책이 아니다. 온갖 사실을 그저 열거해놓은 것에 가깝다. 그도 그럴 것이 교과서란 오랜 시간 당대의 엘리트들이 연구하고 밝혀낸 정보를 한 권의 책에 몰아넣은 것이니 말이다. 가르칠 것은 많은데 지면은 좁으니 당신을 이해시켜줄 여유가 없다. 당신이 태어나기 수십 년 전, 어쩌면 몇백 년 전부터 정해진 기호, 공식, 규칙이 빽빽하게 담겨 있는 게 교과서다. 이것을 어떤 수험생이 척 보고 이해할 수 있겠나.

누구나 시험공부를 시작하면 당황한다. 머리에 안 들어오고, 혹시 끝까지 모르는 채 시험장에 들어갈까 봐 불안해한다. 그런데 신기하게도, 하다 보면 어떻게든 된다. 진짜다. 내 말을 믿어도 좋다.

다음은 내가 최근에 외웠던 수학 공식의 일부분이다.

- 적금의 미래가치/연금 내가계수(r: 이율, n: 연수)

$$\frac{(1+r)^n - 1}{r}$$

- 적금의 현재가치/연금 현가계수(r: 이율, n: 연수)

$$\frac{1 - \dfrac{1}{(1+r)^n}}{r}$$

공인중개사 시험을 준비하면서 이런 공식들을 줄줄이 외워야 했는데, 처음엔 계산 문제를 아예 포기할까 생각했다. 이해는 기대도 하지 않았다. 공식을 보면 감이 오지 않는가. 누가 설명해줘도 알 수 없을 것 같은 느낌. 이건 무작정 암기할 수밖에 없다는 확신이 들었다. 문제는 외울 공식이 너무 많아서 과연 해낼 수 있을지 자신할 수 없었다는 것이다. 암기에 소요될 시간을 생각하니 더더욱 놓아버리고 싶었다. 어차피 60점만 받으면 되니까 다른 데 집중해서 점수를 더 받는 전략을 짜야 하나 진지하게 고민했다.

그러다가 명색이 서울과학고를 (나오지는 못했지만) 들어갔던 사람으로서 수학 문제를 모르겠다고 손 놓으면 되겠나 싶었다. 자신에게 좀 부끄러웠달까. 꾹 참고 공부 범위에서 빼지 않고 계속 봤다. 시험 날 아침까지 눈에 바르고 들어갔다. 결국 출제된 계산 문제는 다 맞았다. 역시 포기만 하지 않으면 되는 일이었다.

이렇게 전혀 이해되지 않는 것들도 하다 보면 머릿속에 들어간다. 시험장에서 답을 쓸 수 있다. 걱정하지 말고 일단 진도를 나가라.

공부할 내용이 단번에 이해가 안 되는 건 당신이 특히 부족해서가 아니다. 남들도 마찬가지다. 척 보고 알 수 있는 내용이면 누가 머리 싸매고 공부하겠나? 교재를 보고 대충 뜻을 파악할 수 있는 건 초등학교, 중학교, 최대 고등학교 다니던 시절에

나 가능한 이야기다. 현실을 받아들여라. 왜 안 되느냐고 울부
짖으면서 멈춰 서지 마라. 막막해도 꾹 참고 묵묵히 나아가라.
그러면 어느 순간 이루어져 있을 것이다.

반복하면 어떻게든 된다

이해가 안 되는 글을 머릿속에 집어넣는 방법은 무엇일까?
바로, 반복이다. 아무리 난해한 글도 반복하면 해낼 수 있다. 여
기서 직접 시험해보겠다. 다음은 2022년 12월 21일 자 경제 기
사 일부를 발췌한 것이다. 이 글을 한번 읽어내 보자.

> 금리 인상과 경기 침체 등으로 고통받는 취약차주들을 위해 정부가
> 채무조정 프로그램을 보완·확대키로 했다.
> 총대출액 1억 원 초과 시 적용되는 차주단위 총부채원리금상환비율
> (DSR) 3단계를 지난 7월 시행한 것처럼 상환 능력에 기반한 대출
> 관행 정착 노력을 이어가고 분할상환 확대를 유도함으로써 (…) 특
> 히 원리금 상환이 곤란한 취약차주들에 대해서는 내년 1분기 중 주
> 택담보대출 채무조정 대상을 확대키로 했다.
> 공적 채무조정 프로그램인 '한국자산관리공사(캠코) 개인연체채권
> 매입펀드'도 당초 올해 12월까지였던 신청 기한을 연장하고 필요시
> 에는 2조 원의 매입 규모도 확대키로 했다. 은행에서 3개월 이상 연

체된 가계 신용대출채권을 직접 매입해 원금감면 등을 지원하는 프로그램이다.

처음에는 눈에 잘 안 들어올 것이다. 그럼 다시 읽어보자. 두 번, 세 번 더 읽어보자. 밑줄을 치면서 읽으면 더 좋다.

금리 인상과 경기 침체 등으로 고통받는 취약차주들을 위해 정부가 채무조정 프로그램을 보완·확대키로 했다.

총대출액 1억 원 초과 시 적용되는 차주단위 총부채원리금상환비율(DSR) 3단계를 지난 7월 시행한 것처럼 상환 능력에 기반한 대출 관행 정착 노력을 이어가고 분할상환 확대를 유도함으로써 (…) 특히 원리금 상환이 곤란한 취약차주들에 대해서는 내년 1분기 중 주택담보대출 채무조정 대상을 확대키로 했다.

공적 채무조정 프로그램인 '한국자산관리공사(캠코) 개인연체채권 매입펀드'도 당초 올해 12월까지였던 신청 기한을 연장하고 필요시에는 2조 원의 매입 규모도 확대키로 했다. 은행에서 3개월 이상 연체된 가계 신용대출채권을 직접 매입해 원금감면 등을 지원하는 프로그램이다.

어떤가, 세 번쯤 읽으니 무슨 말인지 그럭저럭 알 것 같지 않은가? 경제적으로 어려운 채무자들을 위해 분할해서 갚게 하거나, 원금감면 등을 해준다는 내용이다. 이렇게 큰 그림이 그려지면, 끝까지 파악되지 않는 어려운 용어[총부채원리금상환비율 (DSR) 3단계 등]만 찾아보면 된다.

1회독 시 무슨 소린지 모르겠어도 2회독, 3회독, 4회독을 진행하다 보면 눈에 들어온다. 최소한 아는 것과 모르는 것이 분리되고, 아는 부분이 확 늘어나 막막함이 사라진다. 이때 모르는 것만 정보를 더 찾아서 이해하면 된다. 끝까지 무슨 소린지 파악이 안 되면 따로 적어뒀다가 시험 날 아침에 눈에 한 번 바르고 들어가라. 그럼 끝이다.

반복의 힘은 위대하다. 이론적으로 이해가 불가능한 내용도 반복하면 머리에 넣을 수 있다. 다음은 내가 대학에서 공부했던 해부학 용어들이다. 다리근육의 일부인데, 입학하자마자 배운다.

- Gastrocnemius
- Flexor Hallucis longus
- Sartorius
- Iliopsoas
- Pectineus
- Soleus

외계어처럼 보이겠지만 실제 쓰는 용어다. 겁먹지 말고 소리내 읽어보자. 가스트록네미우스, 플렉서 할루시스 롱구스, 사토리우스…. 꼭 고대 로마 장군 이름 같지 않은가? 그렇다, 의학 용어는 라틴어다. 혹시 당신은 라틴어를 공부한 적이 있는가? 나는 당시까지 듣도 보도 못 했다. 태어나 처음 보는 이 언어를 어떻게 공부하면 될까?

어떻게 하긴, 그냥 될 때까지 반복하는 거다. 그러면 결국 외울 수 있다. 역시 의대생들은 대단하다고? 천만의 말씀! 이건 의대생들이나 할 법한 특별한 공부법이 아니다. 당신도 이미 해봤고, 지금도 하고 있다.

영어 단어는 어떻게 익히나? 처음에는 일단 반복부터 하고 봤을 것이다. 한 번, 두 번, 세 번 하다 보면 분명 낯설었던 단어가 어느 순간 익숙하게 느껴진다. 그런 식으로 공부하면 된다. 외울 영어 단어가 100개면 중간에 모르는 단어가 있더라도 밑줄 긋고 넘어간다. 한 차례 마친 후에는 다시 돌아와 모르는 단어만 읽는다. 그때도 모르면 별표 치고 넘어간다. 그런 다음 별표 친 것만 달달 외우면 단어 100개가 완전히 당신 머릿속으로 들어간다.

다른 과목도 이처럼 '될 때까지 반복'하면 다 할 수 있다. 영어, 라틴어도 되는데 한국어가 안 외워지겠나!

중간에 멈추지 마라

혹시 이런 의문이 들지도 모르겠다. '이해가 안 되는 교재를 반복해서 내 것으로 만들 수 있다는 건 알겠어. 그렇다면 어려운 부분이 나올 때마다 그때그때 반복해서 완전히 익힌 후 다음 진도로 넘어가는 게 바람직하지 않은가? 왜 표시만 해놓고 그냥 지나가라고 하지?'

여기에는 두 가지 이유가 있다. 하나는 가뜩이나 불안정한 수험생 멘탈이 무너지는 것을 막기 위해서다. 다른 하나는 우리의 뛰어난 기억 능력과 망각 능력 때문이다. 하나씩 살펴보자.

먼저 멘탈 면에서, 공부가 계획표대로 안 되면 굉장히 불안해진다. 어려운 부분이 나올 때마다 멈춰서 완벽을 기하다 보면 일정이 자꾸 뒤로 밀린다. 원래 4회독을 계획했는데 2회독도 어려운 상황에 처하게 된다. 그런데 솔직히 아무리 완벽하게 공부하더라도 2회독 정도 해서는 좋은 점수를 못 받는다. 천재이거나 시험 난이도가 낮은 경우가 아니라면 말이다. 하지만 애초에 천재였거나 난이도가 낮은 내용이었으면 중간에 멈춰서 시간을 보낼 필요도 없었을 테니, 한마디로 이 시험은 망한 것이다. 자신도 이미 그럴 거라고 예감한다. 불안해진다. 불안해서 집중하기 어려워 진도가 더 밀린다. 악순환이 시작된다. 많은 수험생이 빠지는 함정이다.

이제 두 번째, 인간의 기억과 망각 능력에 관한 부분을 살펴보자. 우리의 단기 기억력은 생각보다 상당히 좋다. 지금까지 기억력이 형편없다는 얘기만 하더니 웬일인가 싶을 것이다. 맞다, 기억력 자체는 대부분 믿을 것이 못 된다. 하지만 단기 기억

진도
밀림

불안
증가

집중력
감소

력은 다르다. 만약 1시간 전에 읽은 책을 다시 본다면 어떨까? 이미 다 아는 걸 뭐하러 다시 보나 싶을 것이다. 그런데 이 기억이 한 달 후에도 남아 있을까? 1회독만 해도 완벽히 공부한다면, 한 달 후에 만점을 받을 수 있을까?

탁월한 단기 기억력이 오히려 화근이 될 수 있다. 조금 전에 본 건 대부분 기억에 남아 있기 때문에 '이것은 내가 완전히 알고 있고, 앞으로 영원히 기억할 수 있을 것이다'라고 착각하기 쉽다(잠깐, 에빙하우스의 기억 실험과 헷갈려선 안 된다. 그 실험은 피험자들에게 '무의미한' 단어를 학습시킨 것으로, 당신이 공부하는 '의미 파악이 가능한' 내용을 대상으로 한 것이 아니다).

그러나 우리의 망각 능력 역시 상당히 좋다. 세 번 읽은 내용도 며칠 지나 다시 보면 숨이 턱 막힐 때가 있다. 4회독 하길 잘했다는 생각이 절로 든다. 아니, 안 했으면 큰일 날 뻔했다며 가슴을 쓸어내리게 된다. 아마 4회독 한 것도 시험 끝나고 며칠 지나면 또 잊어버릴 것이다.

그래서 시험 막판에 빠르게 반복하도록 일정을 짜는 것이다.

1회독은 14일, 2회독은 10일, 3회독은 5일, 4회독은 2일 내로 잡으라고 하지 않았는가. 그런데 꼼꼼히 외우느라 1회독 때 21일, 2회독 때 10일… 하다가 한 달이 다 지나버리는 바람에 2회독 겨우 마치고 시험을 보면 어떻게 되겠나? 기억이 가물가물해서 헷갈릴 수밖에 없다. 공부할 때는 확실히 알았는데 시험장에서 생각이 안 나는 것이 바로 이 때문이다. 나는 이런 친구들을 수없이 봤다.

이 친구들이 공부를 열심히 하지 않아서 실패했을까? 머리가 나빠서 실패했을까? 둘 다 아니다. 전략을 잘못 짰기 때문이다. 우리의 기억력이 어떤 성질을 가지고 있는지 제대로 파악하지 못했기 때문이다.

시험에서 중요한 건 '시험 날 기억하고 있느냐' 단 하나뿐이다. 최대한 많은 양을 외우고 고사장에 들어가려면 막판에 여러 번 반복해야 한다. 마지막 회독 속도는 빠르면 빠를수록 좋다. 계획표를 그렇게 짰다면 꼭 지켜라. 지금 부족한 것은 내일 채워질 것이다. 모자라는 부분은 한 번 더 반복하면 된다. 걱정하지 말고 전진해라. 절대로 중간에 멈추지 마라.

7장

소소하지만
확실한 합격 비법

효율적으로 공부한다

기출문제부터 본다

공부를 시작할 때 당신은 무엇부터 펼쳐보는가? 기본서? 문제집?

나는 기출문제집부터 편다. 만약 기출문제집이 없으면 예상문제집을 본다. 어떤 문제가 나오는지 주르륵 읽으면서 어떤 방식으로 묻는지 파악한다. 그런 다음 기본서나 강의록을 공부한다.

왜 기본서나 강의록부터 보지 않냐고? 이유는 두 가지다.

첫 번째는 기출문제만 보고 끝나는 경우도 있기 때문이다. 시험 난이도가 너무 높고 범위가 무한대면 기출문제집만 외우기도 벅차다. 이럴 때 기본서부터 봤다간 시간은 시간대로 소모하고 정작 기출문제도 못 본 상태로 시험장에 들어가서 남들 다 맞히는 쉬운 문제도 틀리게 된다. 그래서 기출문제부터 확인한다. 기본서를 읽을지 말지 결정하기 위해서. 이 부분은 앞서 충분히 설명했으니, 더 다루지 않겠다.

두 번째는 기본서의 범위가 너무 넓어서다. 수천 페이지에 달하는 이 광활한 영역을 무작정 공부하기는 막막하기 때문이다. 무엇에 집중하고, 무엇을 버릴지 결정하기 위해 문제집을 본다.

먼저 기출문제를 통해 '무엇에 집중해야 할지' 찾아내는 방법을 살펴보자. 다음은 62회 한국사능력검정시험에서 나온 문제다.

다음 상황이 나타난 시기의 사회 모습으로 옳은 것은?

> 제국 대장 공주가 일찍이 잣과 인삼을 [원의] 강남 지역으로 보내 많은 이익을 얻었다. 나중에는 환관을 각지에 파견하여 잣과 인삼을 구하게 하였다. 비록 나오지 않는 땅이라 하더라도 강제로 거두니 백성들이 매우 괴로워하였다.

1. 원종과 애노가 사벌주에서 봉기하였다.
2. 대각국사 의천이 해동천태종을 개창하였다.
3. 지배층을 중심으로 변발과 호복이 유행하였다.
4. 기근에 대비하기 위해 구황촬요가 간행되었다.

5. 국난 극복을 기원하며 초조대장경이 조판되었다.

이 문제를 보고 기본서를 보면 원종과 애노, 사벌주, 대각국사 의천, 해동천태종, 변발, 호복, 구황촬요, 초조대장경이란 단어를 집중해서 보게 되지 않겠는가? '아, 이거 기출문제에서 나왔었는데!' 내가 주의하려고 특별히 노력하지 않아도 뇌가 알아서 집중해준다. 그러니 키워드를 따로 뽑아내지 않아도 무엇이 중요한지 저절로 파악할 수 있다.

이제 기출문제로 어느 부분을 '공부하지 않을지' 결정하는 방법을 살펴보자. 기본서는 기본적으로 양이 많다. 40문제 출제되는 과목에 기본서 분량이 800페이지 가까이 되는 경우가 비일비재하다. 그렇다면 20페이지당 겨우 문제 하나가 출제되는 셈이다. 이것을 처음부터 무작정 파고든다면 공부하는 동안 '이게 과연 시험에 나올까?'라는 의심과 끊임없이 싸워야 한다. 수험 생활이 진짜 '자기와의' 싸움이 된다. 시험문제랑만 싸워도 에너지가 모자랄 판에 말이다.

이때 기출문제의 주요 출제 범위와 패턴을 알고 있으면 불필요한 부분은 버릴 수 있다. 예를 들어, 최근 10년간 한 번도 출제되지 않은 부분이면 과감히 포기한다. 출제자들이 중요하다고 생각하지 않는 부분이니 이번 시험에도 내지 않을 확률이 높다. 또 유달리 난이도가 높고 지엽적으로 출제되는 범위가 있다면, 그 부분도 버린다. 출제자가 해마다 열성적으로 창의적인 문제를 내는 파트라서 아무리 열심히 공부해도 시험에서 못 맞힐 확률이 높다. 그럴 때도 가벼운 마음으로 기본서 공부 범위에서 제외하면 된다.

많은 수험생이 (경험상으로는 절반 이상이) 기본 교재부터 펼친다. 내가 문제집부터 공부한다고 하면 깜짝 놀라 묻는다. "어떻게 내용을 모르는데 문제를 풀어?"

놀랄 만하다. 내가 문제집을 먼저 '푼다'고 생각하면 그럴 수 있다. 하지만 나도 내용을 모른 채 푸는 일 따위는 하지 않는다. 그것은 '이 문제를 감으로 찍어서 맞힐 수 있을까, 없을까?' 하고 테스트해보는 것에 불과하기 때문이다. 찍는 것이 무슨 의미가 있겠으며, 또 생판 모르는 것을 푸느라 시간은 얼마나 많이 걸리겠나. 나는 그저 문제집을 본다. 문제집을 보며 무엇을 공부하고 무엇을 버릴지 감을 잡는다.

문제집은 지도다. 탐험을 떠나기 전, 지도부터 보는 것이 효율적이지 않겠는가. 당신도 이제 기출문제부터 훑어보고 공부를 시작하길 바란다. 전보다 쉽고 빠르게 여행을 마칠 수 있을 것이다.

단 한 권의 책만 남긴다

혹시 시험 막판에 외울 재료가 너무 많아 혼란스러웠던 적이 있는가? '기출문제도 외워야 하고, 기본서도 다시 읽어야 하고, 예상문제집도 복습해야 하고, 정리한 노트도 따로 봐야 하고,

오답노트도…'라는 생각에 압도되는 일 말이다. 또 기출문제를 외우던 중 기본서에 있는 내용이 헷갈려서 펼쳐봤다가, '아, 이건 노트에 정리했는데' 하면서 노트를 뒤지고 왔다 갔다 정신없이 공부한 적이 있는가?

나는 있다. 고등학생 시절 이런 식으로 무질서하게 공부했다. 당연히 성적이 무질서하게 나왔고, 인생도 질서를 잃어 결국 자퇴까지 하게 됐다.

앞서 시험 준비 초반부는 외울 재료를 만드는 과정이라고 했다. 여기서 외울 재료를 만드는 과정이란, 시험 범위를 최대한 압축하는 것을 말한다. 시험 기간에 이 책 저 책 펼쳐볼 필요 없이 되도록 한 권에 모으는 것이다. 즉, '단권화'하라는 얘기다. 만약 기출문제집을 남기기로 했다면, 기본서나 강의록의 주요 내용을 기출문제집 한 권에 정리해라. 나중에 기출문제집만 보면 되도록 말이다.

다만 이 과정에 너무 많은 정성을 쏟지는 마라. 꼭 손으로 써서 한 권에 정리할 필요는 없다. 시간이 없으면 해당 내용을 죽 찢어서 기출문제집에 끼워 넣어도 된다. 또 무조건 '단 한 권'으로 만들어야 하는 것도 아니다. 현실적으로 불가능한 경우도 많다. 단권화에 시간이 많이 걸릴 것 같으면 두 권에 정리해도 된다. 중요한 건 외울 재료를 줄이는 것이라는 점만 염두에 두면 된다.

한편 단권화보다 더 손쉽게 공부 재료를 줄이는 방법도 있다. 바로 불필요한 공부 재료를 만들지 않는 것이다. 혹시 문제집을 최소 두 권은 풀어봐야 한다고 생각하는가? 오답노트를 써야 한다고 들었는가? 완벽한 나만의 노트 정리는 필수일까?

그렇지 않다. 이 세 가지 다 안 해도 된다! 오히려 시험을 잘 보고 싶으면 되도록 셋 다 하지 말기를 추천한다.

오답노트 만들기나 노트 정리야 취향의 문제일 수 있다. 평소에 노트 정리하느라 시간을 조금 더 쓰게는 되겠지만, 시험 막판에 당신을 크게 당황케 하지는 않을 것이다. 이것들은 집중 암기 기간에 다시 읽는 데 오래 걸리지 않으니 말이다.

하지만 문제집 여러 권은 진정 말리고 싶다. 일단 문제집은 푸는 데 시간을 엄청나게 잡아먹는다. 암기해야 할 기간까지 침범하고 들어온다. 문제집의 정답과 오답 지문을 외워야 할 시간에 아직도 문제를 풀고 있으면 어쩌자는 건가? 푸는 것과 암기하는 것은 엄연히 다르다. 문제를 푼다고 저절로 외워지진 않는다.

또 여러 권이면 공부해야 할 신박한 문제가 당연히 배로 늘어난다. 이것도 어쨌든 한 번은 더 봐야 할 테니, 나올지 안 나올지 누구도 알 수 없는 낮은 확률에 귀중한 암기 시간을 낭비하게 된다. 실제 수능시험에 수학 문제집 열 권 풀고 들어갔다가 망했다는 사람이 있다. 정작 단 한 권의 문제집을 확실하게 외우지 못해서 말이다.

"여러 개 풀고 합격한 사람 봤는데? 시중에 있는 문제집 다 풀어봤다던데? 그게 그 사람의 비결이라던데?"라고 말하고 싶을지도 모르겠다. 나도 봤다. 내 친구의 친구가 실제 그랬다. 상당수 공부법 책 저자도 이런 식으로 공부했다는 걸 안다. 하지만 한 번 더 생각해보자. 이 사람들이 하루에 몇 시간씩 공부했다고 하던가? 혹시 15시간, 18시간 아닌가? 당신이 그렇게 할 수 있나? 세상에는 분명 초능력자가 존재한다. 그러나 당신은 초능력자가 아니다.

어떤 일을 성공시키는 방법은 한 가지가 아니다. 하루에 15만 원을 벌어야 한다고 가정해보자. 누군가는 시간당 1만 원씩 받고 15시간 일해서 15만 원을 벌 수 있다. 또 누군가는 시간당 3만 원씩 받고 5시간 일해서 15만 원 번다. 당신은 어떤 방식으로 일하고 싶은가? 어느 쪽이 끝까지 오래 지속할 수 있을 것 같은가?

나는 수능을 준비할 때 단 한 종류의 문제집만 봤다. 파이널 완성이니 뭐니 수능 한 달 전 수험생들을 현혹하는 요약 문제집이 나와도 흔들리지 않았다. 시험 마지막 날까지 같은 문제집으로 공부했다. 오랜 친구를 보듯 편안한 마음으로, 후반부로 갈수록 안부 인사 건네듯 짧은 시간만 보고 덮었다. 그리고 원하는 대학에 무난히 합격했다.

교재가 많다고 시험을 잘 보게 되는 건 절대 아니다. 짐은 가벼울수록 좋다. 줄일 수 있을 때까지 최대한 줄여라. 전보다 빠르게 앞서나갈 수 있을 것이다.

노트 만들기에 집착하지 않는다

나에게는 매일 남몰래 하는 루틴이 하나 있다. 전에 쓴 책의 서평을 검색하는 일이다. 그런데 직전 책의 제목이 상당히 길어서(《서울대 의대 엄마는 이렇게 공부시킵니다》, 무려 열여섯 글자다) 서평뿐 아니라 연관된 다른 글도 함께 보게 되는 일이 잦다. 이를테면 '서울대, 의대, 이렇게, 공부' 이 단어들의 조합으로 다양한 글이 검색된다. "이렇게 공부를 했으면 서울대 의대도 갔을 텐데!"도 나오고, 종종 공부 비법을 담은 블로그도 발견할 수 있다. "이렇게 공부하면 서울대 의대 갈 수 있습니다!"

서평이 아닌 글들은 보통 별 관심을 두지 않고 지나가는데, 어느 날 의사 가운을 입은 한 청년의 사진에 호기심이 일어 한 번 클릭해봤다. 공부법 블로그였다. 노트 정리를 다룬 내용이었는데, 요지는 다음과 같았다.

'수업 시간에 선생님이 말하는 내용을 그대로 받아 적지 마라', '중요한 내용만 골라서 적어라', '무작정 적지 말고 머릿속에서 한 번 가공하여 표나 도표처럼 정리해라'.

그 글을 보니 나는 역시 노트계의 지진아라는 생각이 들었다. 수업 시간에 선생님 말씀을 그대로 받아 적는 것조차 항상 힘들었기 때문이다. 중요한지 아닌지 판단할 여유가 없었다. 50분 수업에 100장의 슬라이드를 쏟아붓는 의과대학 수업뿐만 아니라, 초등 시절에도 마찬가지였다.

이 공부법 블로그에서는 '무작정 다 적으려고 하니까 중요한 것이 무엇인지 파악할 수 없다'며, 일단 손을 멈추고 생각을 하라고 했다. 하지만 나는 애초에 무엇이 중요한지 솔직히 파악이 잘 안됐다. 수업 시간에 집중은 했으나 선생님의 속뜻은 끝까지 몰랐다. 농담조차 농담인 줄 모르고 적었다. "이거 중요하다. 별표 쳐라"라고 알려주는 선생님이 가장 감사했다. 이런 상태니 머릿속에서 한 번 가공한 후 표나 도표로 깔끔하게 정리하는 걸 꿈이라도 꿔볼 수 있겠는가.

나는 의사 청년이 하라는 것은 단 하나도 할 수 없었다. 평생 제대로 해본 적이 없다. 그러나 시험은 잘 봐왔다. 그럼 블로그의 글이 틀린 것이냐? 그건 아니다. 특히 마지막 강조 내용, 주요 내용을 표나 도표로 정리하라는 조언은 무척 유용하다. 하기가 어려워서 그렇지 할 수만 있다면, 진짜 공부를 잘할 수 있는 비법이라고 생각한다. 의과대학에서 2등으로 졸업한 동기가 바로 이 능력을 갖추고 있었다.

그럼 노트계의 지진아가 어떻게 시험은 잘 볼 수 있었을까? 그것은 나의 형편없는 능력을 잘 알고 대처했기 때문이다. 나는 내 노트가 '쓰레기'라는 것을 잘 알았다. 다시 정리하더라도 별반 달라지지 않는다는 사실을 깨달았다. 그래서 잘 정리된 남의 노트를 활용했다.

누가 자기 노트를 쉽게 빌려주냐고? 놀랍게도 세상에는 천사가 실재한다. 앞서 언급한 의대 차석 졸업 동기가 그랬다. 그녀는 수업이 끝나면 자기 노트를 복사실에 맡겨두고 누구나 마음껏 가져가게 했다. 그녀 덕분에 내 성적은 구원받았다.

그러나 이런 자비로운 성자가 없는 상황이라면 어떻게 해야 할까? 또는 노트 정리를 잘하는 친구가 주변에 없으면? 아마 대부분 없을 것이다. 하지만 걱정하지 마라. 사면 된다. 시중에서 파는 문제집이 바로 당신을 구원해줄 노트다.

공부할 내용이 깔끔하게 잘 정리된 문제집을 사라. 단원 시작 부분에 표와 도표가 싹 그려져 있고, 무엇이 시험에 자주 나오는지도 표시돼 있다. 이미 완벽한 노트다. 여기에 당신한테 필요한 내용을 조금 더 추가하면 된다. 처음부터 노트를 만드느라 걸리는 시간을 아낄 수 있을 뿐 아니라 당신이 정리한 것보다 보통 문제집 퀄리티가 훨씬 낫다. 문제집 회사는 수십 년간 해마다 개정판을 내왔으니 초보인 당신보다 정리 실력이 좋지 않겠나. 잘하는 사람에게 맡겨라.

한편 문제집을 노트로 활용하면, 앞서 말한 단권화에도 도움이 된다. 봐야 할 공부 재료 하나가 줄어들어 빠른 속도로 공부하기 용이하다. 오답노트도 따로 쓸 필요 없다. 어차피 문제집을 노트처럼 쓰니 틀린 문제에 별표 쳐놓으면 끝이다.

남의 노트를 활용하는 방법에는 이처럼 많은 장점이 있지만, 그래도 나만의 노트를 따로 정리하고 싶어 하는 사람도 물론 있다. 노트에 옮겨 적으면서 머릿속에 좀 더 새겨 넣을 수 있고, 자신이 정리한 방식이어야 더 눈에 잘 들어오고 등 여러 이유가 있을 것이다. 나 역시 문제집을 사용하면서도 따로 노트 정리를 조금 한다. 그러나 방금 예로 든 이유 때문은 아니다. 나는 손으로 쓰면 머리에 더 잘 남는다거나 본인이 스스로 정리하면 더 잘 외워진다는 설에 큰 기대를 하지 않는다. 두 달 전에 손으로 써서 익혔다고 한들 시험 날까지 그 기억이 얼마나 유지되겠나. 또 내 글씨로 정리한 것이 더 잘 들어온다면 문제집 지문처럼 오로지 남이 쓴 것은 어떻게 외우려고? 내가 노트를 정리하는 이유는 '아무리 공부해도 분명히 헷갈릴 것들'을 시험 직전에 또 보기 위해서다. 예를 들면 15일, 6개월, 1년, 1,000만 원, 3,000만 원 등 숫자나 함정으로 자주 출제되는 용어를 적는다.

다음은 내가 정리한 노트다. 공인중개사가 개업을 위해 개설등록을 하는 부분이다.

- **개설등록**
- 회사, 협동조합, 5,000만 이상(사회적 협동 ×, 법인 아닌 사단 ×)
- 대표 '제외' 1/3 이상 공중자격
- 등록관청(국장 ×) 신청 후 7일 이내 통지
- 협회에 익월 10일까지 통보

2~3회독을 한 후 '적어두지 않으면 분명 뒤죽박죽이 될 것들'만 이렇게 노트에 메모한다. 오로지 나만 알아볼 수 있을 정도로 최대한 짧게 쓴다. 처음부터 끝까지 또는 남이 알아볼 수 있을 정도로 예쁘게 정리하는 일은 하지 않는다.

당신이 노트계의 달인이 아니라면 지금까지 소개한 방법들을 활용해보길 바란다. 남의 노트 활용하기, 나만의 노트는 최소한으로, 이 두 가지면 훨씬 효율적으로 공부할 수 있을 것이다. 노트에 쓰는 에너지를 아껴 외우는 데 집중해라.

요행을 바라지 않는다

족집게 강사보다 자신을 믿는다

크리스마스 한 달 전쯤 되면 마트며 식당들이 화려한 장식을 한다. 대목이 찾아왔단 뜻이다. 연말연시 분위기에 취해 평소라면 사지 않을 것들도 구입하라고 상술을 펼치는 것이다. 사교육 시장에서도 같은 일이 벌어진다. 시험 한 달 전쯤 되면 '파이널 완성'이란 이름 아래 화려한 문제집과 강사진이 총출동한다.

'최고의 적중률, 7일 완성, 3일 완성, 초단기 완성, ○○ 선생님의 마지막 강의, 이것만 들으면 당신은 합격! 천기누설!'

광고만 봐도 마음이 혹한다. 이런 문제집을 풀지 않거나 강의를 듣지 않으면 남들보다 뒤처질까 봐 불안해지기도 한다. 그러나 절대 현혹되지 마라. 상술에 넘어가 돈을 쓰는 것이 안타까워서가 아니다. 차라리 돈만 버리면 낫다. 문제집을 사놓고 아예 안 풀면 오히려 괜찮다. 진짜 문제는, 열심히 문제집을 보고 강의를 들을 때 발생한다. 시험을 망치게 된다!

시험 기간 마지막은 불꽃을 태울 때다. 6개월 동안, 1년 동안 준비한 내용을 머리에 불이 나도록 집어넣어야 할 때다. 그간 열심히 굴린 눈덩이로 커다란 눈사람을 완성하는 순간이다.

눈사람을 만들어본 적 있다면 잘 알 것이다. 처음에는 아무리 굴려도 크기가 별반 달라지지 않는다. 그러다가 어느 순간 갑자기 살이 붙기 시작한다. 그때부터는 한 번, 두 번 굴릴 때마다 눈사람이 쑥쑥 커진다. 그런데 이 중요한 순간에 그간 키우던 눈사람은 던져두고 다른 눈덩이를 뭉치고 있으면 어쩌하나. 이뿐인가. 실컷 만들다가 방치해둔 눈사람은 햇볕 아래 흐물흐물 녹아내린다. 그간 열심히 공부한 것들이 하루하루 머릿속에서 사라진다. 파이널 완성을 한답시고 눈길 한 번 주지 않는 동안에 말이다.

당신은 이미 충분히 잘 준비했다. 적중률? 당신이 닳도록 봤던 기출문제를 다시 보는 게 훨씬 높다. 족집게 강사? 어차피 그 사람이 찍어주는 문제도 기출문제에서 뽑은 것이다. 공부를 열심히 해왔다면, 시험 막판 당신의 공부 속도는 어떤 용한 요약집을 보는 것보다 더 빠르다. 파이널 강의나 문제집 같은 것은 지금까지 공부를 전혀 안 한 사람들에게나 도움이 되는 것이다.

무엇보다도 시험에서는 '지금까지 공부한 것을 모두 맞히는 것'이 가장 중요하다. 그것만 해도 시험에서 떨어지지 않는다. 대한민국 0.1% 안에 들 수 있다. 내가 지금껏 성공했던 비결은 바로 이것이다. **나는 공부한 것은 절대 틀리지 않는다.**

시험에서 좋은 점수를 받는 방법으로는 두 가지가 있다.

첫째, 남들이 틀리는 문제를 더 많이 맞힌다.
둘째, 남들이 다 맞히는 문제를 덜 틀린다.

첫 번째는 우리가 어찌 해볼 수 없는 영역이다. 낯선 문제를 시험장에서 풀 수 있을지 없을지 어떻게 장담하겠는가. 그러나 두 번째는 우리가 통제할 수 있다. 이왕 공부하는 것이라면 완벽하게 외우고, 실수하지 않도록 주의하면 고득점을 받을 수 있다. 이처럼 할 수 있는 것에 최선을 다하면 된다.

확실히 나는 찍는 실력이 별로다. 시험장에서 처음 본 문제는 보통 다 틀린다. 나중에 정답을 보고도 왜 그게 답인지 끝내 이해가 안 되는 경우가 많다. 애초에 그 문제에 대해서는 백지 상태이기 때문이다. 사람들 말처럼 단순 암기로 시험이나 잘 볼 줄 알지 이해력, 사고력, 창의력 같은 고차원적 기능은 모자라기 때문인지도 모르겠다. 하지만 그럼에도 좋은 점수를 받을 수 있는 이유는, 실수든 헷갈려서든 다른 사람들이 쉬운 문제를 틀리기 때문이다.

상당수의 수험생이(어쩌면 대부분이) 그간 공부한 내용을 시험장에서 다 써먹지 못한다. 한 번 더 보면, 두 번 더 보면 완벽해질 수 있는데 코앞에서 멈춘다. 적당히 아는 것 같으니 이 정도로 해두고, 낯선 문제를 남들보다 더 맞히겠다고 새로운 공부를 시작한다. 그러나 앞서 말한 대로 시험문제는 '이토록 쪼잔할 수 있나' 싶게 출제된다. 완벽하게 외우고 있지 않으면 틀리기 쉽게 말이다. 거기에 우리의 형편없는 기억력이 얹어져 '분명 공부한 내용인데. 아, 헷갈리네' 한탄하게 된다. 낯선 문제 2개를 맞히려다 기본 문제 5개를 틀리는 우를 범한다.

남이 찍어준 문제가 시험에 나올지도 모른다고 흔들리지 마라. 자신을 믿어라. 당신이 공부한 것이 바로 시험 범위 자체다. 그것만 외우면 된다. 공부한 건 다 맞아라. 하나도 놓치지 마라.

한번더본다

해마다 수능 만점자 인터뷰를 할 때 공부 비결을 꼭 묻는다. 예전에는 "국·영·수 교과서를 중심으로 열심히…"라는 천편일률적인 답변을 많이 했다. 식상하기도 할뿐더러 그게 과연 '비결'이 맞는지 다들 별로 믿지 않았다. 사실 그렇다. 열여덟 살짜리한테 무슨 심오한 답변을 기대할 수 있겠는가. 자신도 무엇이 진짜 비결인지 잘 몰랐을 것이다. 그냥 열심히 하다가 친구는 하나 틀리고 자기는 다 맞아서 수석을 했을 뿐. 그래서 전년도 만점자의 답변을 그대로 따라 했을지도 모른다. 또 옛날에는 워낙 튀지 않는 것을 중요시하는 분위기였으니, 욕 안 먹을 모범 답안을 내놓을 수밖에 없었을 것이다.

그런데 확실히 요즘에는 세상이 변한 것인지 솔직한 답변도 종종 들을 수 있다. '사교육 덕분인 것 같다', 심지어 '좋은 머리를 물려받아서인 것 같다'라고 털어놓기도 한다. 교과서를 중심으로 공부했다는 얘기보다는 좀 더 현실적으로 들린다. 하지만 이것이 진짜 비결일까? 여전히 찜찜함은 남는다. 주변에 사교육 안 받은 사람을 찾기 어렵고, 어렸을 때 영재 소리 듣던 아이가 대한민국에 얼마나 많은데, 왜 유독 그 학생에게 수석이라는 결과가 찾아왔을까? 더 뾰족한 비결이 있을 것이다.

나는 그 비결이 노력이라고 생각한다. 1등을 할 만큼 노력했기 때문에 1등을 할 수 있었던 것이다. 그래서 남들이 좋은 머리로 사교육을 받고 1만 등을 할 때, 그 학생이 1등을 할 수 있었던 것이다.

독서실에서 마지막까지 남아 공부를 한다.
웃기는 일이다.
내가 제일 공부를 잘하는데, 내가 제일 열심히 한다.
-서울대 의예과 수석 합격생의 글(익명)

사람의 심리가 참 묘한 게, 공부할 때 자신이 얼마나 노력했는지 잘 안 밝히려는 경향이 있다. 뭔가 더 멋진 비결이 있다고 둘러대고 숨기려 한다. 충분히 이해한다. 범생이는 양반이고 공붓벌레, 노력충 등 공부 열심히 하는 사람에게 심지어 '벌레'라는 별명까지 붙이니 말이다. 솔직히 기분 좋은 단어는 아니다. 누군가가 서울대 의대에 합격했다는 소식을 들었을 때 "걔는 공부만 죽어라 했으니 거기 가는 게 당연하지, 못 가면 문제가 있는 것 아니야?"라며 은근히 깎아내리는 사람도 있다. 심지어 "개는 공부도 별로 안 하는 것 같은데 시험을 잘 보더라고. 머리가 좋은가 봐"라는 식으로 노력을 안 해 보일수록 더 좋게 평가하기도 한다. 이런 분위기에서 "저는 진짜 최선을 다해 공부했어요"라고 말하기 꺼려지는 것은 당연하다.

한편으로는 자신이 열심히 공부하는지조차 잘 모르는 경우도 많다. 사람마다 '열심히'의 기준이 다르기 때문이다. 하루에 12시간 공부하면서 자기는 매일 놀았다고 얘기하는 사람도 있다. 자는 시간 7시간 제외하면 5시간을 빈둥거렸다면서.

이 때문에 공부를 잘하려면 '사교육을 빡빡하게 받아야 한다', '머리가 타고나야 한다' 등 헛다리를 짚는데, 성적을 좌우하는 진짜 요인은 노력이다. 시험에서 만점 받는 사람은 만점 받을 때까지 보고, 또 보고, 또 보고, 또 본다. 그것이 유일한 비결이다.

"우리 사촌 형은 진짜 매일 놀기만 하는데도 공부 잘했는데?"라고 얘기하고 싶은가? 그건 당신이 사촌 형 공부할 때 못 봐서 그렇다. 24시간 내내 붙어 있는 것도 아닌데 열심히 하는지 아닌지 어떻게 아나? 명절에나 가끔 보는 사이 아닌가? 명절에 공부하는 사람이 있을까? 사촌 형이 얼마나 공부하는지 고모가 솔직히 말했을 것 같나? 우리 어머니도 밖에선 분명 "우리 딸은 놀 것 다 놀고 공부 거의 안 해"라고 할 것이다. 꼭 틀린 말은 아니다. 내 어머니조차도 내가 공부하는 시간을 모두 본 것은 아니기 때문이다. 집에서 쉬는 모습만 주로 봤을 테니 어머니 입장에서는 솔직하게 얘기한 것일 수 있다.

게다가 인간은 '남들은 나보다 덜 노력할 것'이라고 여기는 경향이 있다. 자기중심적 편견egocentric bias이라는 일종의 인지 오류다. 어떤 일을 할 때 내가 들인 고생은 기억하면서도 남은 쉽게 했으리라고 여기는 것이다. 자신이 시험을 준비하느라 12시간 공부한 것은 정확히 기억하지만, 남들은 별로 공부 안 하고도 성적을 올린 것 같다고 추정한다. 자기 눈에 보이는 시간 외에는 놀고 있으리라고 짐작한다. 직장에서 동료들이 자기보다 덜 열심히 일하는 것처럼 여기는 것도 이 편견으로 인한 현상이다. 회사에서 빈자리를 보면, 어디 가서 놀고 있겠거니 생각한다. 실제로는 외부 미팅을 나가 열심히 일하고 있는데도 말이다. 그리고 그가 돌아와 자리에서 잠시 쉬고 있으면 '저 사람은 종일 노는구나'라고 확신한다.

내 남동생한테 한번 물어봐라. 누나가 공부를 열심히 했냐고. 분명 "진짜 한심할 정도로 매일 잠만 자고 놀았어요"라고 대답할 것이다. 그럴 수 있다. 내 동생은 나를 집에서만 봤으니까. 그러나 아버지의 이름을 걸고 맹세하건대, 나는 정말 최선을 다했다. 시험 때마다 인내심을 쥐어짜고 쥐어짰다. 동생은 내가 제대로 공부하는 모습을 본 적이 없을 뿐이다.

하지만 만약 내 단짝 친구에게 "이 친구가 공부를 잘한 비결이 뭐라고 생각해요?"라고 물어보면 다른 답변을 듣게 될 것이다. "얘는 어렸을 때부터 공부 열심히 했어요." 이 친구는 중학생시절 같은 학교, 같은 학원에 다녔다. 내가 공부할 때 옆에 있었기 때문에 아는 것이다.

나는 서울과학고, 서울대학교 의과대학에 들어간 사람들이 얼마나 열심히 공부하는지 잘 안다. 이들은 시험 기간이 되면 완벽해질 때까지 밤을 새워 반복한다. 새벽 5시가 되고 6시가되면 경쟁자들이 지쳐서 하나하나 나가떨어지는데도 꿈쩍 않고 자리를 지킨다. '성적은 체력 순이구나!' 감탄이 절로 나온다. 해본 사람은 무슨 뜻인지 안다. 이 정도로 열심히 하니까 이 사람들이 서울과학고에 입학하고 서울대 의대에 들어가는 것이다. 비결이 따로 있는 게 아니다.

해야 할 때는 한계까지 몰아붙여라. 할 만한 정도면 아직 덜한 것이다. 더 보면 토할 것 같을 때, 한 번 더 봐라. 그럼 반드시최고의 자리에 오를 것이다. 0.1% 안에 들고 싶은가? 노력을 상위 0.1%처럼 해라. 그것이 유일한 비결이다.

답을 쓸 수 있을지 시험 전에 이미 안다

'메타인지'라고 한 번쯤 들어봤을 것이다. 1970년대 발달심리학자 존 H. 플라벨John H. Flavell이 만든 용어로, '자신의 생각에 대해 판단하는 능력'을 말한다. 쉽게 표현하면, 메타인지가 있는 사람은 자신이 무엇을 아는지 모르는지 구분할 수 있다. 우리나라에서는 2019년《메타인지 학습법》이라는 책이 베스트셀러가 되면서 부쩍 유명해진 개념이다. 이름만으로는 다소 모호하게 느껴지는 개념인데, 학습 면에서 메타인지가 중요한 이유는 사실 단순하다. '현재 자신이 무엇을 모르는지' 정확히 파악할 수 있어야 시험장에서 당황하지 않을 것 아닌가.

암기를 완벽하게 했다고 믿었는데 막상 시험장에서 답을 쓰지 못하는 경험을 해봤을 것이다. 다섯 번 열 번 반복해서 읽고, 동그라미를 스무 번씩 쳤는데도 서술형 답이 생각나지 않는다. 답안지에 구멍이 숭숭 뚫린다. 이처럼 채점도 하기 전에 '좋은 점수를 못 받겠구나'라고 예감했던 경험 여러 번 해봤을 것이다.

사실 나도 그랬다. 혹시 손으로 쓰면 더 잘 외워질까 싶어 종이가 까맣게 되도록 적어보기도 했지만, 시험장에만 가면 생각이 나지 않는 문제가 꼭 있었다. 상위 학년으로 올라가자 점점 암기할 양이 많아지면서 여러 번 읽을수록 머리만 복잡해지기도 했다. 아무리 열심히 해도 '과연 답안지에 써낼 수 있을지' 확신할 수 없는 상태로 시험장에 들어갔다.

그러다가 의과대학 본과 4학년 때, 공부법을 개선해야겠다는 절박감이 들었다. 지금까지의 방식으로는 잘 해낼 자신이 없었다. 외워야 할 서술형 문제가 과목마다 40~50개나 돼서 머리가 뒤죽박죽이 됐기 때문이다. 예를 들어보겠다.

망막중심동맥폐쇄(central retinal artery occlusion)의 가능한 원인을
4가지 이상 쓰시오.

답) Giant cell arteritis

Carotid artery disease(atheroma, arteritis, tumor, dissection···)

Aortic arch atheroma

Cardiac embolism

Hypercoagulable disorder

시험 볼 때마다 이런 문제 수십 개를 외워야 했는데, 고사장에서 답을 제대로 쓸 수 없을 것 같았다. 답 중에 몇 개는 기억이 안 나거나 문제끼리 헷갈릴 게 뻔했다. 무엇보다, 내가 제대로 암기하긴 했는지 파악조차 안 된다는 게 불안했다. 현재까지 못 외운 것을 찾아야 집중해서 공부할 텐데, 이걸 판단할 수 없으니 미칠 노릇이었다.

그래서 아예 미리 시험을 보기로 했다. 시험 전에 모자라는 부분을 확실히 파악하고 보충하기로 했다. 셀프 모의고사를 치른 셈이다.

3회독쯤 한 다음, 주관식 시험에 출제될 만한 문제를 모두 뽑아서 노트에 문제만 적었다. 그리고 혼자 모의고사를 보듯 답안지를 작성했다. 그 후 답안지의 부족한 부분을 빨간 펜으로 첨삭하듯 적고 외웠다. 첫 번째 시험에서 완벽하게 쓰지 못한 문

제는 다시 시험을 봤다. 남아 있는 부족한 부분을 빨간 펜으로 쓰고 외우는 과정을 반복했다. 그렇게 주관식 문제를 완벽히 외웠다는 걸 확인하고 시험장에 들어갔다.

1. 출제 예상문제(기출문제) 적기

2. 1차 셀프 모의고사 보기

3. 1차 시험에서 부족한 부분 채우기

4. 부족한 부분 집중 암기하기

5. 2차 셀프 모의고사 보기

6. 2차 시험에서 부족한 부분 채우기/집중 암기하기

7. 부족한 부분이 있으면 추가 반복하기

그 후로는 어떤 시험을 보든 공부를 했는데 못 쓰고 나오는 일은 사라졌다. 당연한 일이다. 시험 전에 이미 다 채워 넣을 수 있게 됐는데, 시험장에서 어떻게 답을 못 쓰겠는가. 앞서 "나는 공부한 것은 절대 틀리지 않는다"라고 한 것은 빈말이 아니다.

공부한 만큼 성적이 잘 나오지 않는 것 같은가? 아무리 열심히 해도 한계가 느껴지는가? 그럼 방법을 바꿔봐라. 시험장에 들어서기 전에 내가 모르는 것을 어떻게든 찾아내야 한다. 그것에 집중해라.

다시 한번 강조한다. 시험은 당신이 아는지 모르는지 '확인하는' 자리가 아니다. 얼마나 잘 알고 있는지 세상에 '보여주는'

기회다. 이 차이를 깨닫는 순간, 당신의 공부 인생은 드라마틱
하게 달라진다. 완벽한 결과를 받고 싶다면, 시험 전에 완벽해
져라.

이해력이 떨어져서인지 남들보다 공부하는 데 시간이 오래 걸립니다. 공부 시간을 더 늘려야 할까요?

먼저 확인할 점은 공부하는 데 진짜 남들보다 오래 걸리느냐 하는 것이다. 혹시 인터넷에서 다른 수험생이 2주 만에 1회독을 했다고 올린 글을 본 것인가? 당신은 한 달이 걸려도 어려운데? 만약 그렇다면, 본인이 절대적으로 느리게 공부하는 것이 확실한지를 따져봐야 한다. 공부 방식은 사람마다 다르다. 이해가 되든 안 되든 무작정 속독하는 사람도 있고, 꼼꼼하게 읽는 사람도 있다. 공부 속도가 다르다고 불안해하지 마라. 남과 비교하는 것은 아무런 의미가 없다. 다만, 당신이 계획한 대로 진도가 나가지 않는다면 문제가 된다. 시간당 공부 계획을 과하게 짠 것이다. 이럴 때는 계획을 다시 짜는 것이 좋다. 실제 해낼 수 있는 속도에 맞춰 목표량을 줄여라. 하루 공부 시간을 늘리는 것은 추천하지 않는다. 시험이 코앞이라면 어쩔 수 없겠지만, 장기간 남아 있다면 지치지 않는 것이 훨씬 중요하다. 피곤하면 집중력이 떨어져 속도가 더 느려진다. 만약 공부량이 절대적으로 많다면 애초에 시험 준비 기간을 더 길게 잡길(일테면 3개월이 아니라 4개월로) 권한다.

PART 3

공부는 몸으로 하는 것이다

– 의지박약이어도 최고의 집중력으로 끌어올리는 법

8장

짧고 굵게 공부한다

우리는 천재도 철인도 아니다

지금까지 시험 잘 보는 모든 방법을 털어놓았다. 이대로만 하면 당신은 어떤 시험이든 자신 있게 볼 수 있을 것이다. 하지만 중요한 건 지금부터다. '이대로'를 집중력 있게 끝까지 해내야 한다. 이제부터는 그 방법들을 다루겠다.

무기력과 40년 이상 함께 살아온 사람이자 무기력한 사람들을 치료하는 정신과 의사로서 당신에게 해줄 말이 많다. 공부가 힘들다고 느껴질 때마다 이 책을 꺼내 펼쳐보길 바란다. 공부하면서 만날 대부분 장애물을 무난히 극복할 수 있을 것이다.

얼마 전, 약대 진학을 목표로 하루 17시간 공부하는 학생이 있다는 소식을 들었다. 공부하는 영상을 유튜브에 올리고 있다고 한다. 놀랍게도 초등학교 6학년짜리였다. 만 열두 살 아이가 이런 각오를 하다니, 실제 행동으로 옮기고 있다니! 대단하다고 느꼈다. 비슷한 또래를 키우는 부모로서 절로 응원해주고 싶었다. 그러나 그 마음과는 별개로, 하루빨리 계획을 수정하기를 바랐다. 공부 선배 입장에서는 말이다. "님아, 제발 그렇게 공부하지 마오."

공부 잘하는 요인으로 흔히 공부 머리와 노력, 이 두 가지를 꼽는다. 맞는 말인데, 중요한 것이 하나 빠졌다. 바로 집중력이다. 아무리 머리가 좋은들 집중하지 못하면 무슨 소용이겠는가. 아무리 오래 공부해도 집중하지 않으면 시간만 죽일 뿐 남는 것이 없다.

자, 집중력을 높이려면 어떻게 해야 할까? 당장 뾰족한 답이 떠오르지 않는가? 그럼 질문을 바꿔보겠다. 언제 집중력이 확 떨어지나? 졸릴 때, 피곤할 때다. 이런 상태에서는 공부하기 어렵다. 정보를 파악하는 속도가 느려진다. 읽어도 입력이 잘 안 된다. 기껏 공부해도 다 잊어버린다.

따라서 수험생은 어떻게든 졸리거나 피곤하지 않은 몸 상태를 유지해야 한다. 그래야 같은 시간에 많은 양을 공부할 수 있다. 그런데 하루 17시간씩 매일 공부하면 어떻게 되겠나? 당연히 지친다. 도저히 집중을 할 수가 없다.

얼마 전 진료실에 스물세 살 청년이 찾아왔다. 공무원 시험을 준비하는데, 하루에 15시간 공부해도 집중할 수 있는 시간이 불과 2~3시간밖에 안 된다고 호소했다. 나머지 12시간은 멍

하니 보내고 있어서, 자신이 주의력결핍과잉행동장애ADHD 아닌가 싶어서 오게 됐단다. 증상을 묻고 검사를 해보니 전형적인 ADHD 환자와는 거리가 멀었다. ADHD여서 집중력이 떨어지는 것이 아니라 공부를 너무 오래 하는 것이 문제였다. 종일 앉아 있다 보니 지치고, 지친 상태에서 무작정 공부를 계속하니 집중력이 흐트러질 수밖에 없었던 것이다.

ADHD 진단 기준에 해당하지 않는다고 설명한 후, 공부 시간을 줄이는 것이 좋겠다고 권유했다. 그랬더니 "지금 이렇게 해도 진도가 안 나가는데, 시간을 줄이면 시험 범위를 다 못 끝내지 않을까요?"라며 망설이는 눈치였다. 악순환에 빠진 것이다.

• 장시간 공부 → 지친다 → 집중력 저하 → 진도가 느려진다 → 더 장시간 공부한다 → 더 지친다

사실 이 학생이 특별한 사례는 아니다. 수험생이라면 누구나 쉽게 이런 악순환을 겪을 수 있다. 좋은 성적을 받고 싶은 마음에 한 번 공부 시간을 늘리기만 해도 바로 악순환이 시작된다. 장시간 앉아 있으니 지치고, 졸려서 집중이 잘 안되고, 진도가 느려지고, 그래서 더 오래 공부하도록 계획을 변경하고, 더 지치고…. 문제가 있다는 걸 알지만 멈추기 어렵다. 불안하기 때문이다. '공부 시간을 줄인다고? 진도가 이렇게 밀려 있는데?' 거꾸로 가는 것 같기 때문이다.

두렵겠지만, 이 고리를 끊어줘야 한다. 내가 여기에 빠져 고등학교 졸업장을 못 받게 됐던 터라 하는 소리다. 나는 집중력이 떨어지고 진도가 느려졌을 때 '더 장시간 공부한다'라는 전략을 취하지 않았지만, 다니던 학교의 특성상 공부 시간을 줄이지 못해 그 고리에서 벗어날 수 없었다. 기숙사 학교였기 때문이다.

내가 다닌 고등학교에서는 모든 학생이 아침 6시에 일어나 운동장을 뛰고, 아침 식사 후 8시 등교, 4~5시쯤 수업이 끝나면 저녁 6시 반부터 10시 반까지 무조건 도서관에서 자습을 해야 했다. 기숙사로 돌아가 씻고 정리하면 어느새 11시 반. 수면 시간이 턱없이 모자랐다. 아무리 오래 자도 7시간이 안 됐으니까.

무엇보다 내가 쉬고 싶을 때 쉴 수 없다는 것이 문제였다. 아무리 피곤해도 자습 시간에는 무조건 책상 앞에 앉아서 공부를 해야 했다. 이렇게 피로가 쌓이다 보니 어느 순간 좀비 같은 상태가 됐다. 뇌가 죽은 것 같았다. 성적은 곤두박칠치고 수업을 따라가기도 버거운 상태가 됐다. 자존감은 바닥이요, 툭하면 눈물이 터졌다. 교실에서 단 한 마디도 하지 않았다. 1년 동안 "지우개 빌려줘"라는 말 정도라도 해본 반 친구가 절반도 안 됐다. 매일같이 죽고 싶었다. 2학년 말, 더는 희망이 없어 자퇴했다.

그리고 어떻게 됐을까? 원래대로 돌아오는 데 얼마나 걸렸을까?

학교를 그만두고 집에 돌아오자마자 바로 컨디션을 되찾았다. 푹 쉬고 짧은 시간 집중해서 공부하는 것 하나만으로 말이다. 사람들은 내가 자퇴했다는 사실을 알고 나면 "어떻게 다시 공부를 열심히 하게 됐어요? 의지가 대단하네요"라고 하는데 (혹시 내가 비행청소년이어서 자퇴한 거라고 생각한 걸까? 매번 궁금하다), 나는 이전에도 성실히 공부하는 학생이었다. 노력을 안 해서 성적을 올리지 못했던 것이 아니다. 너무 장시간 앉아 있느라 집중력이 떨어져서, 아무리 해도 소용이 없었던 거다.

당신도 만약 피곤한데 공부를 계속하고 있다면 지금 당장 방법을 바꿔라. 12시간 넘게 공부 안 하면 큰일 난다고, 17시간 공부하라고 공부의 신들이 외쳐도 흔들리지 마라. 당신과 그들은 다르다. 당신의 컨디션은 당신이 가장 잘 안다. 항상 최상의 컨디션으로 공부해라. 그래야 성공한다.

왜 전 세계 직장인은 '9 to 6'로 일할까?

대부분 직장은 보통 아침 9시부터 저녁 6시까지 일하는 것을 기본으로 한다. 이것은 대체 누가 정한 걸까? 근로기준법에서 그렇게 정했다고? 맞다. 9시부터 6시까지라고 명시한 것은 아니지만, 하루에 8시간을 초과하지 않게 돼 있다.

왜 8시간일까? 아마도 그 이상 일하는 건 무리라고 판단했기 때문일 것이다. 근로자에게 번아웃이 오지 않을 최소한의 기준이 아닐까 싶다.

한편으로는 기업 입장에서도 그 이상 일을 시켜봤자 득보다 실이 더 크다고 판단했을 수 있다. 업무 시간이 길어지면 집중력이 떨어져서 성과는 크게 향상되지 않고, 오히려 직원이 회사를 관둔다든지 병이 난다든지 해서 더 큰 손실로 이어질 수 있기 때문이다.

공부도 마찬가지다. 앞서 하루 8~9시간 앉아 있는 것을 최대로 잡고 계획표를 짜라고 한 데는 이런 이유도 있다. 그 이상 해봤자 머리에 더 들어가지도 않고 괜히 체력만 축나기 때문이다.

그런데 솔직히 말하면 8시간 집중하는 것도 쉽지 않다. 나야 원래 저질 체력에 게을렀기 때문에 당연히 그렇고, 꽤 성실하다고 인정받는 사람들조차 8시간 집중하는 걸 힘들어한다. 국내 굴지의 대기업에서 5년 반 동안 직원들을 관찰하면서 알게 된 사실이다.

한때 진료가 아닌 다른 일을 해보고 싶어 보험사에서 근무한 적이 있다. 드라마에 나오는 빽빽한 사무실에서 동료들과 함께 지냈다. 회사에는 커다란 카페가 있었는데, (일꾼보고 힘내서 일하라는 의도로) 거의 공짜에 가까운 가격으로 커피를 제공했다. 우리는 거기서 하루 세 번 커피를 마셨다. 아침, 점심, 그리고 오후 4시에.

오후 3시 반이 넘으면 여기저기서 커피 한잔하자고 연락이 온다. 업무에 집중이 잘 안된다는 거다. 우르르 커피를 마시러

내려가는데, 사장님께 죄송한 말씀이지만 그 뒤로 집중은 끝내 못 하고 퇴근한다. 이런 일상이 계속 반복됐다. 오후 4시 이후에는 빈자리가 하나둘 늘어나고, 무얼 하는지 도무지 알 수 없는 상태인 사람들이 많았다. 나만 해도 4시부터는 '2시간만 버티자'만 되뇌며 자리를 지켰으니까. '이럴 거면 하루에 6시간만 일하게 하면 안 되나?'라는 생각이 매일 들었다.

인간의 집중 지속 시간에는 한계가 있다. 요즘 하루 6시간 근무제를 도입하는 회사가 생겨난다는 게 무슨 의미일까? 8시간 집중하기가 어렵다는 걸 기업도 안다는 거다. 근무 시간을 6시간으로 줄여도, 원래 8시간 동안 했던 일을 다 해낼 수 있다는 걸 안다는 거다. 기업이 어떤 곳인가. 철저하게 이윤과 효율성을 따지는 곳이다. 설마 진짜로 저녁이 있는 삶을 직원들에게 보장해주기 위해 그러는 거라고 생각하는가? 근무 시간을 6시간으로 줄여도 손해가 나지 않고, 오히려 성과가 더 높아지거나 이직률이 낮아지는 등 이익을 보기 때문에 그런 시도를 하는 것이다.

6시간 근무제 도입 후 실제 성과가 더 오른 기업들의 예는 쉽게 찾아볼 수 있다. 스웨덴 IT 기업인 브라트는 6시간 근무제 도입 1년 후 연간 콘텐츠 생산량을 비교해봤더니, 8시간 이상 일하는 동종 업계 회사들보다 오히려 월등히 높았다고 한다. 줄어든 시간에 맞춰 비효율적인 과정을 최대한 제거한 덕분이다. 마케팅 회사 오스는 경영난 때문에 임금을 인상해줄 수 없어 6시간 근무제를 도입했다(봐라. 직원 복지를 위해서 선처를 베푸는 것이 아니다). 그런데 1년 만에 회사수익이 20%나 증가했다고 한다. 이들은 마케팅을 하는 사람들이라 창의성이 중요한데, 늘어난 휴식 시간 덕분에 영감이 충만해진 것 같다고 설명했다.

제조업과 같이 기계의 시간당 생산량이 일정해서 근무 시간이 늘어날수록 생산량이 증가하는 경우가 아니라면, 장시간 근무한다고 해서 더 많은 성과를 얻는 건 아니다. 한계가 있다. 특히 지식 노동자는 더 그렇다. 공부도 마찬가지다. 당신이 성과를 낼 수 있는 시간은 한정적이다. 앞서 '6시간 공부할 분량'을 하루 목표로 잡으라고 한 것은 이런 인간의 한계를 고려해서다.

한 번쯤 6시간 바짝 공부해보길 추천한다. 집중해서 공부하면 남들이 8시간, 10시간 공부한 것만큼 해낼 수 있다. 어쩌면 충분히 쉰 덕분에 더 많이 공부해낼 수도 있다. 실제로 해보면 안다. 6시간만 해도 최대치까지 해낼 수 있다는 걸 말이다.

내가 전문의 시험을 치를 때, 첫째 아이가 10개월도 채 안 된 터라 저녁 6시면 책을 덮고 아이를 돌봐야 했다. 밤늦게까지 공부할 수 있는 동료들이 부러웠지만 어쩔 수 없는 일이었다. 하지만 어떻게든 빨리해야 한다는 마음에 오히려 초집중할 수 있었다. 사실 이전까지 나는 산만하고 수다도 많이 떠는 느슨한 사람이었다. 그런데 시간 제약이 생기니 바짝 긴장해서 공부하게 되고, 짧은 시간에도 목표했던 공부량을 충분히 달성할 수 있었다. 시험 결과도 잘 나왔다. 이전에 오랜 시간 공부했을 때보다 결코 뒤지지 않았다.

당신이 학생이라면 수업 시간에 공부를 끝낸다는 마음으로 집중해라. '방과 후에 복습해야지'라고 느슨한 마음으로 임하지 마라. 당신에게 허용된 시간이 12시간이라도, 진짜 집중할 수 있는 시간은 고작 6시간 남짓뿐이란 걸 명심해라.

종일 공부할 수 있는 전업 수험생이라도 종일 공부하지 마라. 저녁 6시에 퇴근하는 직장인처럼 칼같이 휴식해라. 야근하듯 공부하지 마라. 야근하는 직장인치고 낮에 제대로 일하는 사람 못 봤다. 종일 카톡하고 수다 떨다가 저녁 8시부터 10시까지 딱 2시간 일하고 퇴근하는 게 그들의 패턴이다. 그래 놓고 매일 피곤하다고 호소한다. 그들이 나쁜 사람일까? 아니다. 밤 10시까지 일하는 게 문제일 뿐이다. 그러다 보니 잠이 부족하고 몸이 피곤해서 다음 날 낮 동안 집중하지 못하는 것이다. 이게 무슨 시간 낭비인가. 당신은 이런 우를 범하지 마라.

당신이 만약 직장인이라면? 퇴근해서 공부할 시간이 3시간 뿐이라 종일 일하고도 쉴 틈이 없다면? 음…, 그건 당신이 노예 신분에서 탈출하고자 노력 중이라는 뜻일 것이다. 노예 신분을 벗어나는 데는 원래 고난이 따르는 법이다. 예전에는 글자 그대로 '목숨까지' 걸었다. 받아들이자. 줄 수 있는 게 응원밖에 없어 안타깝다. 그래도 위기가 닥치면 초인적인 힘을 발휘하는 것이 인간이다. 3시간에 맞춰서 하면 또 어떻게든 된다. 자유인이 될 그날을 위해 파이팅!

사람마다 필요한 수면 시간이 따로 있다

잠에 대해서 하고 싶은 말은 딱 한마디다. "무조건 잘 자라."

'잘 자는 것'은 정말 중요하다. 당신도 그렇게 생각할 것이다. 잘 자야 다음 날 집중이 잘될 테니까. 그런데 이 당연한 진실을 시험해보려 하는 사람들이 있다. 자신이 잠을 줄일 수 있다고 생각하는 것이다.

시험을 잘 보려고 준비하는 과정은, 특히 동료와 경쟁해야 한다면, 꽤 치열하다. 밥 먹는 시간 10분, 15분조차 아깝게 느껴진다. 친구와 30분씩 먹으니 혼자 10분 만에 빵으로 대충 때울까 생각이 들기도 한다. 그러니 하루에 8~9시간씩이나 되는 잠을 1시간만 줄이면 얼마나 좋을까 싶어지는 것도 이해할 만하다. 그래서 당신은 어느날 갑자기 1시간 일찍 일어나기로 마음먹을 수 있다. 그럼 어떻게 될까? 그날 종일 졸려서 하루가 날아간다.

잠을 줄이면 다음과 같은 증상이 생긴다.

- 집중력 저하
- 사고 속도 저하
- 기억력 저하
- 짜증 증가
- 불안 심화

• 감정 기복 심화

증상들을 보니 어떤가. 수험생으로서는 최악의 컨디션 아닌
가? 1시간 벌자고 하루를 버리는 바보 같은 짓을 하는 셈이다.

잠이 부족하면 단지 뇌에만 악영향이 끼치는 게 아니다. 신
체적으로도 피로해진다. 어지럽고 심장이 두근거리고 머리가
아프다. 눈이 저절로 감긴다. 만사가 귀찮아진다. '이까짓 공부
좀 안 하면 어때? 공부 잘한다고 부자 되는 시대도 아닌데.' 의
욕이 확 꺾인다. 아예 공부할 생각 자체가 안 든다. 그렇지 않겠
는가? 몸이 힘들어 죽겠는데 어찌 우아하게 머리를 굴리고 있
겠나. 우리는 기본적으로 신체를 가진 동물이라는 점을 잊지 말
아야 한다. 독감에 걸렸을 때를 떠올려보자. 공부를 하고 싶던
가? 목표고 뭐고 침대에 드러눕고만 싶다. 잠이 부족할 때도 마
찬가지다.

부족한 잠을 커피나 에너지 드링크 같은 각성 효과가 있는
약물로 커버해보려고 할 수도 있다. 물론 효과가 있다. 나도 이
들을 활용한다. 매일 커피를 마신다. 시험 기간에는 양을 늘리
기도 한다. 그러나 이건 보조 수단일 뿐 근본적인 해결책이 될
수 없다.

내가 오랫동안 진료한 환자들을 보면, 3일만 잠을 못 자도 표
정이 확 바뀌어서 온다. '이 상태로 공부를(또는 일을) 잘할 수 있
을까?' 걱정이 될 정도다. 그런데 정작 자신은 잘 모른다. 퀭한

눈으로 집중이 잘 안돼 미치겠다며 오로지 잠을 깰 궁리만 한다. 그러나 이들에게 진짜 필요한 것은 잠이다. 잠을 자지 않으면 더 악화될 뿐이다.

우리에겐 생각보다 잠이 많이 필요하다. 다음은 연령별로 요구되는 평균 수면 시간이다.

- 학령기(6~12세): 9~12시간

- 청소년기(13~18세): 8~10시간

- 성인(18세 이상): 7~9시간

당신은 몇 시간 자는가? 혹시 7시간보다 덜 자는가? 늘 피곤한가? 그럼 더 자라. 아니면, 9시간 자면서 스스로 게으르다고 생각하는가? 잠을 1시간 줄이면 좋겠다고 생각하는가? 그러지 마라. 지극히 정상이다. 안심하고 푹 자라.

사람마다 필요한 수면 시간이 따로 있다. 그 시간은 웬만해선 바뀌지 않는다. 세월에 따라 조금 변할 순 있어도 의지로 바꿀 수 있는 게 아니다. 잠을 적게 잘 수 있다고 주장하는 사람은 원래 적게 잘 수 있는 사람일 뿐이다. 물론 억지로 적게 잘 수는 있다. 나도 10여 년째 그렇게 살고 있다. 해야 할 일이 많아서, 출근해야 해서, 이런저런 이유로 7시간보다 적게 잔다. 하지만 솔직히 피곤하다. 내가 가진 집중력을 100% 발휘하지 못하는 느낌이다. 나는 원래 9시간은 자야 개운한 사람이기 때문이다. 어떤 날은 오후가 되면 금방이라도 쓰러질 것처럼 졸릴 때도 있다. 그런데 가끔 9시간씩 자고 일어난 날엔 기운이 펄펄 난다. 내가 만약 전업 수험생이라면, 챙겨야 할 식구가 없고 출근할 직장이 없다면, 9시간 자고 공부하는 길을 택할 것이다.

잠을 줄이고 싶다는 유혹에 넘어가지 마라. 수험생이 가장 하지 말아야 할 선택이다. 억지로 줄여봤자 1~2시간이다. 당신이 스마트폰을 들여다보는 시간을 생각해봐라. 멍 때리는 시간은? 친구와 잡담하는 시간은? 그에 비하면 아무것도 아니다. 잠은 당신이 통제할 수 있는 영역이 아니다. 몸이 요구하는 만큼 자고, 대신 깨어 있을 때 집중해라.

빨리 잠드는 다섯 가지 방법

'오늘 밤은 잘 자야 할 텐데. 내일 또 졸린 채 하루를 날릴 순 없어.'

잠을 자고 싶어서 매일 밤 사투를 벌이는 수험생이 많다. 가뜩이나 공부할 시간도 부족한데 침대에 누워서 1시간, 2시간 뒤척이고 있으니 환장할 노릇인 거다. 그렇다고 일어나서 공부를 하자니 너무 피곤해서 될 리도 없고, 그럴 의욕도 없다. 낮에는 그렇게 잠이 쏟아지는데 왜 정작 밤에는 잠이 안 오는지…. 게다가 아침엔 또 못 일어난다. 오라고 할 때는 안 오고 가라고 할 때는 안 가고, 잠은 정말 얄미운 존재다.

혹시 당신도 비슷한 경험을 해봤는가? 그렇다면 당장 불면을 해결할 다섯 가지 방법을 알려주겠다. 잠들기 어렵다고 병원에 가면 정신과 의사가 알려주는 방법들이다.

- 어두운 환경 만들기
- 스마트폰 보지 않기
- 취침 2시간 전에 할 일 마치기
- 낮잠 자지 않기
- 약물의 도움을 받기

어두운 환경 만들기

멜라토닌이라고 혹시 들어봤는가? 뇌에서 분비되는 호르몬 중 하나로, 우리의 수면-각성 주기(24시간)를 일정하게 유지해주고 자연스레 잠이 들게 해준다. 그런데 이 호르몬은 어두워야 나온다. 밝으면 분비를 멈춘다.

따라서 잘 자고 싶다면 방을 칠흑같이 어둡게 해야 한다. 암막 커튼을 달고, 전자 기기에서 나오는 빛을 차단해라. 인터넷 공유기, 디지털시계, 컴퓨터 마우스 등 은근히 빛을 내는 물건들이 있을 것이다. 이 정도 빛만 있어도 멜라토닌 분비에 악영향을 준다. 전원을 내리거나 가려라. 만약 다른 가족들이 늦게 잠드는 탓에 당신의 방문 틈으로 불빛이 새어 들어온다면 틈을 막아라. '문틈막이', '빛 차단'으로 인터넷에서 검색하면 다양한 제품을 찾을 수 있다.

스마트폰 보지 않기

불면증 원인 1위가 무엇이냐고 물으면 '침대에서 보는 스마트폰'이라고 답하겠다. 수면계에서는 최강 빌런이라고 보면 된다. 잘 때는 근처에도 두지 마라. 온갖 약을 써봐도 새벽 3~4시까지 못 잔다는 환자에게 물어보면, 대부분 잠이 올 때까지 스마트폰을 본다고 말한다.

앞서 멜라토닌은 조금만 밝아도 안 나온다고 했다. 그런데 스마트폰은 어떤가, 빛이 어마어마하게 나온다. 밤에 불을 끄고 스마트폰을 켜봐라. 온 방이 환해진다. 이걸 눈에다 쏘고 있으니 잠을 적극적으로 쫓아내겠다는 소리다. 나는 종종 아침에 잠에서 깨려고 일부러 스마트폰을 보기도 한다.

한편 영상과 문자로 들어온 정보를 처리하느라 우리 뇌는 각성 상태를 유지한다. 집중해야 무슨 이야기인지 알아듣지 않겠는가. 신기하게도, 낮엔 글자만 읽으면 잠이 솔솔 오는데 밤에는 어떻게든 읽어내려고 의식이 또렷해진다. 게다가 스마트폰은 재미가 끝이 없다. 잠이 확 깨는 콘텐츠가 가득하다. 스마트폰과 함께라면 밤도 샐 수 있다.

침대에서 스마트폰을 추방해라. 정 심심하면 불을 끄고 누운 채 음악을 들어라. 잠들고 싶다면 절대 눈을 뜨지 마라.

취침 2시간 전 할일 마치기

당연한 이야기지만, 긴장한 상태에서는 잠이 안 온다. 긴장하면 노르에피네프린같이 뇌를 각성시키는 호르몬이 활발하게 분비되기 때문이다. 애초에 우리 몸은 언제 긴장하는가? 스트레스를 받을 때다. 그렇다면 당신에게 가장 스트레스를 주는 것이 무엇인가? 시험공부다.

따라서 잘 자고 싶다면 최소 2시간 전에 이 작업을 마치는 것이 좋다. 치솟은 각성 호르몬을 가라앉히고 흥분한 뇌를 안정시키기 위해서다. 앞서 공부 시간표를 짤 때 밤 10시 이후는 비워두라고 한 것도 이 때문이다.

자기 전 2시간 동안은 편안하고 즐거운 활동으로 채워라. 책이나 영화를 봐도 좋다(스릴러 장르 제외). 스트레칭은 무조건 추천한다. 격렬한 운동은 몸을 흥분 상태로 만들 수 있으니 가벼운 맨손체조 정도로 마무리해라. 따뜻한 물로 목욕하는 것도 잠이 드는 데 도움이 된다.

낮잠 자지 않기

어두운 환경에, 스마트폰을 보지 않고, 취침 전 긴장도 풀었고, 별 걱정거리도 없는데 꼭 1~2시간은 뒤척이는가? 그렇다면 몸이 덜 피곤해서일 수 있다. 혹시 낮에 자주 누워 있는가? 낮잠을 오래 자는가?

낮에 자고 밤에 못 자고, 밤에 못 자서 졸리니까 또 낮에 자고, 낮에 자니까 덜 졸려서 또 밤에 못 자고⋯. 낮잠을 자는 불면증 환자의 전형적인 패턴이다. 이 악순환에 빠지면 탈출하기가 쉽지 않다. 밤에 잘 자고 싶으면 어떻게든 낮잠을 끊어야 한다.

피곤해 죽겠는데 버티기가 말처럼 쉽지 않다는 것, 나도 잘 안다. 심지어 처음에는 낮잠을 안 자도 밤에 뒤척일 수 있다. 그러나 3일이면 보통 적응할 것이다. 그쯤 되면 피로가 누적돼서 밤에 푹 자게 된다. 그러면 낮에 누워 있지 않고 견디기가 훨씬 수월해질 것이다.

낮 동안 졸음을 도저히 못 참겠으면 일단 신발을 신어라. 밖에 나가서 걸어라. 누울 가능성을 원천적으로 차단할 뿐 아니라 몸을 움직이면 잠이 깬다. 그리고 이렇게 몸을 피곤하게 하면 밤에 잘 잠들 수 있다.

약물의 도움을 받기

수면에 도움이 된다는 온갖 방법을 써봤는데도 못 잔다면 약물치료를 시도해볼 수 있다. 특히 한 달이 넘도록 못 잔다면 꼭 한번 고려해보길 바란다. 이 정도 기간이 지나면 불면증이 고착되기 때문이다. 잠을 못 자왔다는 사실 자체가 불면을 부른다. 긴장이 장기간 지속된 탓에 단단히 뭉쳐 웬만해선 풀어지지 않기 때문이다. 이 긴장을 툭 끊어줘야 한다. 즉, 일단 하루라도 어떻게든 잘 자게 해야 한다.

이왕 수면제 복용을 시도할 작정이라면 꼭 병원을 방문해서 처방을 받아라. 정신건강의학과가 아니어도 좋다. 반드시 의사에게 진료를 받아라. 수면을 돕는 약을 먹으면 자칫 낮에 멍해지기 쉬운데, 이런 부작용이 없는 약을 처방받아야 하기 때문이다.

9장

합격에 필요한
몸을 만든다

공부를 잘하려면 아프지 말아야 한다

집중력을 떨어뜨리는 원인 중에서 흔히 간과하는 것이 있다. 바로 통증이다. 졸리면 바로 집중할 수 없으니까 그래도 조금은 신경을 쓰는데, 몸이 아픈 건 당장 문제를 일으키진 않는 것 같으므로 방치하는 경우가 많다. 그러나 신체적 고통은 집중력을 지속적으로 갉아먹는다. 또 충분히 공부할 수 없게 한다. 목덜미가 아팠던 때를 떠올려보자. 평소처럼 공부가 잘되던가? 몇 시간씩 앉아 있기 쉽던가?

나는 중학교 때부터 허리와 어깨 통증에 시달렸다. 공부를 할 때는 또 열심히 했기 때문이다. 중학교 3학년 이후부터는 한 달에 한두 번쯤 동네 한의원에 가서 침을 맞곤 했다. 나중에는 마취통증의학과에 가서 근육에 주사를 맞기도 했다. 통증이 시작되면 도저히 자리에 오래 앉아 있을 수가 없어서였다.

지금이야 조금만 아프면 아이들도 병원에 가고 인터넷에 이런저런 정보가 많지만, 당시만 해도 10대 아이가 허리 아프다고 치료받는 경우는 정말 드물었다. 게다가 우리 부모님은 먹는 약조차 꺼리시는 편이라 독감에 걸려도 해열제 없이 버티곤 하셨다. 그런데 자식이 어깨가 아파서 공부를 못 하겠다고 하니 바로 손잡고 병원에 가셨다. 사실 그래야만 할 정도로 고통이 심하기는 했다.

통증은 학창 시절 나를 징글징글하게 괴롭혔다. 이 때문에 의과대학 본과 2학년 2학기를 중도 포기하고 한 학년을 유급할 뻔하기도 했다. 그때는 왜 그리 허리가 아팠는지 모르겠다. 한 학기 내내 2주에 한 번씩 시험을 보는 일정 탓에 긴장이 풀어질 틈이 없어서가 아닐까 싶다. 어쨌든, 당시는 요통으로 1시간을 앉아 있기 힘들었다. 조금이라도 덜 아픈 자세를 취하느라 누워서 공부를 하면 어느 순간 잠이 들었다. 그래서 억지로 앉아 있으려니 통증 때문에 쉽게 산만해지고 피로해졌다. 무의식중에 아픈 근육을 사용하지 않으려다 보니 다른 근육들에 무리가 간 까닭이다. 성적이 잘 나올 리가 없었다.

2년 가까이 공부에 올인하느라 지쳐 있는데 몸까지 아프니 매일매일이 고통스러웠다. 어느 날부터 이유 없이 눈물이 나기 시작했다. 고등학교 때 겪었던 우울증이 다시 찾아온 것이다.

"엄마, 아무래도 나 이번 학기 못 마칠 것 같아. 한 학년 내려가야 할 것 같아. 계속 눈물이 나고 공부를 할 수가 없어."

학년이 끝나갈 무렵 완전히 무너졌다. 어머니는 한동안 말을 잇지 못하셨다. 아마도 당황하셨던 게 아닐까 싶다. 시대에 앞서 마취통증의학과에 10대 아이를 데리고 가셨던 어머니도 정신과까지 가자고 할 엄두는 안 났던 것 같다.

"음…. 이번 학기가 곧 끝나니까, 성적이 나빠도 좋으니 일단 마치고 그다음에 생각해보자."

실제 한 달도 안 남았던 때라 정신을 다시 붙들고 무사히 마치는 것을 목표로 버텼다. 성적은 엉망이었지만 어찌어찌 진급은 했다. 시기상으로 참 다행이었다. 학기 초반이었으면 정말 중도에 포기해야 했을지도 모른다. 공부에서 몸이 얼마나 중요한지 크게 깨달은 나는 절대 몸을 아프게 두지 않겠다고 다짐했다.

많은 수험생이 통증을 대수롭지 않게 여긴다. 아파도 공부할 시간이 부족하다며 치료를 미룬다. 혹시 당신도 고통을 참고 공부하고 있는가? 그러지 마라. 아프면 깨어 있을 때 산만해지고, 수면의 질이 떨어진다. 최상의 컨디션으로 공부할 수 없다. 같은 시간 공부해도 효율이 형편없다.

게다가 당장도 괴롭지만 나중에 큰일 난다. 만성 통증은 우울증으로 쉽게 이어진다. 두 질환의 밀접한 연관성은 의학적으로 잘 밝혀져 있다. 두 가지를 동시에 앓는 지경이 되면 공부를 포기하게 될 수도 있다.

몸이 편안해야 머리에 집중할 수 있다. 현명하게 판단해라. 1시간 투자하면 일주일, 아니 한 달이 편하다. 통증을 빠르게 없애는 방법을 알려줄 테니 고통스러우면 바로 치료를 시작해라.

통증 빠르게 없애는 세 가지 방법

아침에 일어났는데 목부터 어깨까지 당기고 아프다. 아무래도 어제 이상한 자세로 있었던 모양이다. 고개를 돌리려니 근육이 찢어지는 기분이다. 목에 깁스라도 한 듯 뻣뻣하다. 허리가 삐끗했는지 앉거나 일어날 때마다 비명이 절로 나온다. 자, 이럴 때는 어떻게 해야 할까? 세 가지 방법을 알려주겠다.

약을 먹는다

통증이 발생하면 1단계는 무조건 약이다. 괴로우면 주저하지 말고 약부터 먹어라. 일단 아픔 자체를 없애야 한다. 그래야 스트레칭을 하든 마사지를 하든 그다음 단계를 부드럽게 진행할 수 있다. 약을 먹은 것만으로 통증이 사라지는 경우도 많다.

나는 두 가지 계열의 진통제를 각각 10알 이상 구비해두고 있다. 하나는 아세트아미노펜(상품명: 타이레놀 등), 하나는 이부프로펜(상품명: 부루펜 등)이다. 보통 염증 자체를 줄여주는 이부프로펜을 먼저 먹는다. 다만 이부프로펜은 과용하면 속쓰림을 유발하거나 콩팥에 무리를 줄 수 있어 아세트아미노펜을 보조

적으로 사용한다. 예를 들어 부루펜을 8시간 간격으로 복용해도 여전히 통증이 남아 있으면 타이레놀을 중간에 추가로 복용한다. 심하게 아플 때는 처음부터 두 약을 동시에 먹기도 한다.

이 두 가지 약은 의사의 처방 없이 약국에서 바로 구매할 수 있다. 최소 하루 복용량(3~4알) 정도는 떨어지지 않게 항상 비축해둬라. 아프면 약국 가는 것도 힘들다. 일요일엔 더 힘들다. 꼭 미리 챙겨둬라.

마사지와 스트레칭

약을 먹고 증상이 어느 정도 잦아들면 이제 근본적인 원인 치료에 들어가자. 뭉친 근육을 풀어주는 단계다. 수험생은 한 자세로 앉아 있느라 목이나 어깨 근육이 장시간 긴장해 있기 쉽다. 그러면 근육 세포 내 칼슘 농도를 조절하는 기능에 이상이 생겨 근수축이 지속된다. 또 주변 혈관이 압박돼 근육에 영양과 산소가 잘 공급되지 못하며, 이 때문에 통증이 발생한다. 마사지와 스트레칭으로 이를 풀어줘야 한다.

마사지 방법은 간단하다. 가장 아픈 부위를 10초 이상 지그시 눌러주면 된다. 손으로 눌러도 되고, 마사지 볼을 사용하는 방법도 있다. 마사지 볼은 작은 주먹 정도 크기의 단단한 고무공인데 인터넷에서 몇천 원 정도면 구매할 수 있다. 마사지 볼을 바닥에 두고 아픈 부위를 그 위에 맞춰 눕는다. 체중을 이용해 꾹 누르거나 약간 움직이면 쉽게 근육이 풀어진다(엄청나게 고통스럽지만 효과는 좋다).

스트레칭은 긴장한 근육을 부드럽게 늘여주는 방식으로 하면 된다. 유튜브에서 '어깨, 허리 통증 스트레칭' 등으로 검색하면 다양한 방법을 찾을 수 있다. 나는 주로 '고양이 자세'를 활용한다.

병원에 간다

앞의 두 가지 방법이면 웬만한 통증은 해결될 것이다. 그러나 도저히 어떻게 해볼 수 없는 극심한 아픔을 겪을 수도 있다. 목 통증이 심해 머리를 지지할 수 없어서 의자에 겨우 기대어 있거나, 요통으로 움직임이 불가능하거나 등이다. 이럴 때는 일단 약을 먹고, 이동할 수 있을 정도로 증상이 가라앉으면 빨리 병원으로 가라. 혼자서 움직이기가 어렵다면 주변 사람에게 도움을 청해라. '통증 클리닉' 등으로 검색하여 가까운 병원을 찾아가면 된다.

정확히 진단받고 치료를 받으면 병원 치료는 확실한 효과를 낸다. 기어 들어갔다가 걸어 나오는 기적을 경험하게 될 것이다. 나는 고등학생 때부터 서른 초반까지 다섯 번 정도 큰 도움을 받았다. 응급한 상황이면 주저하지 마라.

지금까지 통증이 발생했을 때 빠르게 대처하는 방법을 소개했다. 하지만 통증은 무엇보다 애초에 생기게 하지 않도록 예방

하는 것이 중요하다. 일단 아프고 나면, 진통제를 먹더라도 공부에 100% 집중하기 어렵다.

여느 의학 정보서처럼 '평소에 바른 자세로 앉으라' 같은 말은 하지 않겠다. 한번 굳어진 습관을 바꾸기란 정말 어렵다는 걸 알기 때문이다. 나쁜 습관을 고치려고 애쓰기보다는 좋은 습관을 새로 들여라. 자기 전에 마사지 한 번 하고 자라. 지하철이나 엘리베이터를 타고 있을 때처럼 특별히 할 일이 없을 때는 목을 왼쪽, 오른쪽으로 한 번씩 풀어줘라. 아프기 시작하는 것 같다고 느껴지면 부루펜 한 알 먹고 바로 스트레칭 들어가라. 이 간단한 방법들만으로도 병원 갈 일은 피할 수 있을 것이다. 언제나 최상의 컨디션으로 공부하길 바란다.

공부 잘하는 사람들은 허약하다고?

'공부 잘하는 사람' 하면 어떤 이미지가 떠오르는가? 근육질 몸매에 그을린 피부, 활기 넘치는 사람이 떠오르는가? 아닐 것이다. 오히려 반대일 것이다. 활기라니? 활기가 넘치는데 자리에 앉아서 공부를 한다고? 어울리지 않는 조합인 것 같다. 책이나 방송에서 그리는 모습을 생각해보면 더욱 그렇다. 평범한 모범생 정도면 작가가 호의적으로 그린 것이다. 커다란 안경은 기본이고, 거친 아이에게 괴롭힘이나 당하지 않으면 다행일 정도로 빈약한 캐릭터가 보통이다.

그러나 흔히 생각하는 것과 달리, 공부 잘하는 사람들은 상당히 기운이 좋다. 겉으로 비실비실해 보이는 사람도 뭐랄까, 독기가 있다. 이건 내가 중학교 때 수학 경시대회 준비하면서 깨달은 사실이다. 다들 필요하면 언제든 날밤을 꿀떡꿀떡 샐 것처럼 생긴 걸 보고 깜짝 놀랐다. 물론 실제로도 그렇게 한다. 그러고도 다음 날 멀쩡하다! 키가 150센티미터가 안 되든, 몸무게가 45킬로그램이 안 되든, 겉보기와는 상관없이 잘 버틴다. 한편으로는, 운동 좋아하는 활기찬 사람도 상당히 많다. 의대 동기 중에는 중학생 때 선수로 뛰지 않겠냐고 권유받은 사람도 있다.

당연한 이야기다. 공부도 결국 몸으로 하는 것이다. 체력이 좋지 않아서, 몸이 아파서 드러누우면 집중하기 어려워 공부를 할 수가 없다. 누우면 잠만 올 뿐이다. 공부를 잘하려면 장시간 앉아서 버틸 수 있는 체력이 필수다. 공부 잘하는 사람치고 진짜 허약한 사람은 없다.

시험공부는 끊임없이 인내심을 쥐어짜야 하는 과정이다. 귀찮음을 물리치고 책상에 앉아야지, 산만해지는 마음 붙들어야지, 지겨워 미칠 것 같은 반복을 견뎌야지…. 인내해야 하는 일이 한두 가지가 아니다. 뭇사람들은 이를 의지 또는 정신력이라고 표현하면서 '마음먹기'에 달렸다고 생각한다. 그런데 이 의지나 정신력은 어디서 오나? 바로 체력에서 온다. 가슴에 있는지 머리에 있는지 헷갈리는 사람이 태반일 정도로 모호한 개념인 '마음'에서 오는 게 아니다.

체력이 없으면 의지고 뭐고 안 생긴다. 체력은 의지의 전제 조건이다. 실제 우울증 환자를 치료해보면, 먼저 활동량이 늘어나고 마지막 단계에 의욕이 돌아온다. 에너지가 충분해야, 오히려 약간은 넘쳐야 공부 의지를 불태울 수 있다.

그런데 많은 수험생이 몸의 중요성을 간과한다. 하루에 15시간씩 공부하겠다고 계획을 짜고, 자투리 시간조차 한 문장이라도 더 볼 생각만 한다. 이러면 언제 쉬고 언제 운동하나. 몸은 방치해도 되나? 처음에는 별문제 없어 보일 것이다. 그러나 점점 에너지가 고갈된다.

그럼 어떻게 될까? 금방 피로해지고 졸린다. 오래 공부할 수가 없다. 같은 시간 공부해도 성과가 형편없이 나온다. 내가 고등학교 때 절실히 겪어봤다. 다들 공부 머리가 중요하다고 하는데 그만큼, 아니 어쩌면 더 중요한 게 체력이다. 에너지가 달리면 원래 능력의 절반도 발휘하기 힘들다. 졸릴 때와 아닐 때 해낼 수 있는 학습량을 한번 비교해봐라. 배로 차이가 난다.

한편 초반에 공부한답시고 몸을 돌보지 않으면, 막판 스퍼트를 내야 할 때 기운이 없어서 오히려 남보다 공부를 덜 하게 된다. 다시 한번 강조한다. 시험은 마지막이 중요하다. 세 번 봤냐, 네 번 봤냐에 따라 점수가 확 달라진다.

비실비실한 모범생은 잊어라. 공부는 가면 갈수록 체력전이다. 의과대학 학생들은 이틀에 한 번씩 밤을 새우는 시험 일정을 한 달간 버텨낸다. 다른 분야도 마찬가지다. 누구나 선망하는 자격증을 얻으려면 이런 사람들과 경쟁해야 하는데, 허약한 사람이 어떻게 끝까지 해내겠나.

시험에서 승리하고 싶은가? 남보다 더 열심히 공부하듯이, 체력도 열심히 길러라. 공부는 머리로만 하는 것이 아니다. 몸으로도 한다. 이 사실을 절대 잊지 마라.

저질 체력 수험생을 위한 공부법

체력을 기르는 가장 좋은 방법은 무엇일까? 잘 먹고 잘 쉬기? 물론 중요하지만 잘 먹고 잘 쉰다고 해서 체력이 올라가는 건 아니다. 오히려 떨어질 수도 있다. 체중이 늘어나서 무기력해지고 숨 쉬기조차 힘들어질 수 있다.

그럼 뭐가 있을까? 바로 운동하기다. 가장 확실하고 어쩌면 유일한 방법이다. 하지만 불행하게도, 당신이 운동을 할 수 없는 100가지 이유가 있다는 걸 잘 안다. 원래 운동을 좋아하는 성격이 아니고, 시간이 없고, 의욕이 안 생기고…. 이해한다, 나도 그랬으니까.

한편으로는 당장 운동을 시작한다고 해서 내일부터 활력이 생기는 것도 아니다. 체력이 향상됐다고 느끼려면 최소 몇 달은 걸린다. 그동안 운동에 적응하느라 더 피곤할 수도 있다. 그런데 지금은 시험이 코앞에 있지 않은가.

그렇다면 어떻게 해야 하나? 이번 시험은 포기해야 하나?'

그런 당신을 위해 준비했다. 저질 체력이어도 시험을 잘 보는 방법을 알려주겠다.

원칙은 단순하다. 최대한 초반에 힘을 빼지 않는 것이다. 단기의 경우 시험 2주 전까지, 장기의 경우 1개월 정도 전까지는 산책하듯 공부해라. 한마디로, 바싹 공부해야 할 시기 전에는 체력을 최대한 비축하라는 얘기다.

<시험 준비 기간별 체력 분배>

초반부	시험 2주 전부터(장기는 1개월 전부터)
암기 재료 준비 기간	집중 암기 기간
최대한 힘을 뺀다	초집중해서 공부한다

초반에는 진도를 나가되 머리에서 최대한 힘을 빼라. 꼭꼭 씹듯 집어넣느라 에너지를 소모하지 마라. 어차피 다 까먹는다. 의대 본과 2학년까지 매일 예습·복습한답시고 밤늦게까지 공부했다가, 정작 시험 기간에 힘이 빠져 망해봐서 하는 소리다. 형편없는 나의 기억력 탓에 그간 공부한 것이 거의 남아 있지 않다는 사실에 더욱 절망했었다.

공부는 어차피 여러 번 봐야 완성된다. 한 번에 완벽하게 할 순 없다. 페인트칠을 한 번 만에 끝내겠다고 하는 것만큼 무모한 생각이다. 처음 공부할 때는 덧칠하기 전 바탕을 한번 깔아준다는 정도면 족하다. 딱 그 정도의 마음으로 머리에 발라라.

또 이 시기에는 절대 남보다 앞서려고 하지 마라. 시험 기간도 안 됐는데 옆 사람과 경쟁하느라 힘 빼지 마라. 초보들이나 하는 짓이다. 동계 올림픽 인기 종목인 쇼트트랙 스케이트 장거리 경주를 본 적이 있나? 1,500미터 경주를 보면 모든 선수가 초반에는 천천히 간다. 그러다가 어느 시점부터 속도가 급격히 빨라진다. 재미있는 사실은 초반 등수와 최종 등수가 아무 상관이 없다는 거다. 마지막 구간에서 치고 나갈 수 있느냐 없느냐가 승패를 결정한다. 심지어 초반에 꼴찌이던 선수가 1등으로 들어오기도 한다. 트랙이 3,000미터로 더 길어지면 초반에는 진짜 산책하듯 간다. 누가 누가 늦게 가나 경쟁하는 것처럼 보일 정도다. 전 세계에서 스케이트 가장 잘 탄다는 선수들인데, 시간 낭비다 싶을 정도로 처음에는 천천히 간다. 왜 그러겠나. 초반에 빨리 달리면 지쳐서 결국 진다는 걸 알기 때문이다.

초반에 앞서나가지 않으면 후반부에 따라잡느라 더 힘들지 않겠냐고? 물론 그럴 가능성이 전혀 없는 건 아니다. 하지만 앞서 밝혔듯이, 인간은 훌륭한 망각 능력을 갖추고 있기 때문에 초반부에 열심히 하느냐 아니냐가 전세를 결정할 만큼 큰 차이를 만들진 않는다. 차이가 생겨도 하루 이틀 더 공부하면 충분히 보충할 수 있다. 4회독 할 것을 6회독 하는 식으로 남보다 두 번 더 보면 된다.

중요한 사실은 초반에 아껴둔 체력을 폭발시켜 막판 스퍼트를 낼 수 있다는 것이다. 실제 본과 3~4학년 때 이런 식으로 에너지를 분배했더니 시험 기간에 마지막까지 잘 버틸 수 있었다. 그 덕에 성적이 드라마틱하게 올라갔다.

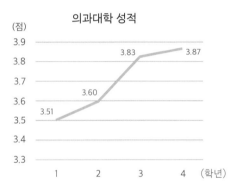

평점이 1학년 때는 3.51이고 2학년 때는 3.60이었는데, 3학년 때는 3.83, 4학년 때는 3.87로 올랐다. 1~2학년에 비해 거의 전 과목 한 학점씩 오른 셈이다. 4년 전체 평균은 3.71로, 이 점수로 졸업생 223명 중에 32등을 했다(성적표를 다시 보니 1~2학년 때부터 이 공부법을 썼으면 얼마나 좋았을까 하는 아쉬움이 든다).

이처럼 초반에 에너지를 아끼고 후반에 집중하는 방법을 쓰면 체력의 한계를 극복할 수 있다. 하지만 그렇다고 여기에만 의존해서는 안 된다. 평소에 꼭 운동해라. 체력 자체를 늘리면

더 잘할 수 있다. 본격적인 시험 기간 전 에너지를 아낄 때, 마냥
쉬지만 말고 움직여라.

앞서고 싶다면, 운동해라

한 가지 고백할 것이 있다. 사실 현재의 나는 지금까지 묘사
해온 나와는 완전히 다르다. 지금까지 당신에게 거짓말을 했다
는 소리가 아니다. 과거의 나와 완전히 다른 사람이 됐다는 뜻
이다.

현재의 나는 새벽 5시에 일어나 이 글을 쓰고 있다. 일주일에
약 40킬로미터씩 달리고, 의료 자문 업체를 운영하고 있으며, 3일
은 출근해서 진료를 본다. 종종 청탁 들어온 원고를 쓰고 강의를
한다. 다른 사람의 도움 없이 두 아이를 돌보고 살림을 한다. 쓰면
서도 스스로 믿기지가 않는다. 내가 이렇게 어마어마한 인간이 될
줄이야.

프롤로그에서 그간 얼마나 무기력하게 살았는지 잠시 밝혔
다. 하루 2시간 낮잠에 주말이면 12시간도 넘게 자던 사람이었
다고 했다. 유치원 시절부터 평생 아침에 눈을 뜨면 한숨부터
나왔다. 소풍날 아침에 설레서 일찍 깬다는 건 소설 속에서나
존재하는 일이었다.

학창 시절 내내 책상에 앉기까지 매일 사투를 벌였다. 시험

기간에도 2~3시간은 머뭇거리다가 겨우 앉았다. 지는 것을 못 견디는 성격이라 공부는 열심히 했지만, 시험 전날 학교에 불이 나서 시험지가 다 타버리기를 매번 비밀스럽게 빌었다.

기운이 부족한 탓에 평생 벼락치기에 의존하며 살 수밖에 없었다. 더 정확히 말하면, 시험을 한 번 치를 때마다 완전히 녹초가 되어 오랜 시간 쉬어야 했다. 다행히도 좋은 성과를 낼 수 있어서 그 방법을 계속 쓰게 됐지만, 처음부터 의도적으로 단기간에 몰아서 공부를 하게 된 것은 아니다. 주어진 상황에 적응한 결과에 가깝다. 만약 내가 체력왕이었다면 '하루 15시간 공부하라! 그 이하는 탈락이다!'라는 제목의 책을 썼을지도 모른다.

이뿐인가. 조금만 무리하면 바로 번아웃이 찾아왔다. 짧게는 3개월, 길게는 1년 넘게 에너지가 바닥으로 내려간 채 올라오지 않았다. 어느 정도로 내려가냐면, 반년 동안 식물에 물만 주면서 지낸 적도 있다. 친한 친구가 중의적인 의미로 당시 나를 '식물인간'이라고 불렀다. 그 지경이 되면 하던 일을 중단해야 하나 진지하게 고민할 수밖에 없었다. 실제로 그런 적도 있다. 학교를 그만뒀거나, 그만둘 뻔하거나, 품었던 꿈을 포기하거나. 이런 일을 몇 번 겪고 나니 새로 뭔가를 시작할 엄두를 못 내기도 했다. 끝까지 해낼 수 있을지 자신을 믿을 수가 없어서다.

불과 1년 전까지의 내 모습이다. 이런 내가 어떻게 해서 달라졌을까? 바로 달리기다. 달리기를 시작한 후 내 인생은 완전히 바뀌었다.

나는 원래 걷는 것은 좋아했다. 복잡한 마음을 가라앉히는 데 그만한 게 없었기 때문이다. 마음이 매우 자주 복잡했으므로 많이 걷는 편이었다. 10킬로미터 이상 너끈히 걸었다. 하지만 그 밖에 '운동이라고 할 만한 것'들에는 영 흥미가 붙지 않았다. 힘드니까. 주변에서 운동 좀 해보라고 아무리 권해도 귀를 막았다. 살아가는 것 자체만으로도 버거워 죽겠는데 여기서 더 힘을 쓰라고? 그럴 생각은 추호도 없었다.

그런데 어쩐 일인지 갑자기 달리게 됐다(이 봐라. 인생을 바꾼 계기조차 1년 만에 까먹었다. 인간의 기억력은 진정 형편없다). 그냥 10킬로미터를 뛰어봤다. 10킬로미터를 가는 데 1시간 반이나 걸렸으니 솔직히 뛰었다고 하기는 좀 멋쩍지만, 어쨌든 해냈다. 생각보다 기분이 상쾌해서 그 뒤로 틈만 나면 달렸다. 복잡한 마음이 걸을 때보다 더 확실히 정리되는 느낌이었다. 스트레스 받을 일은 항상 생기므로, 이 때문에라도 최소 이틀에 한 번은 꼭 뛰었다.

이렇게 반년쯤 지나니 몸이 날아갈 것 같았다. 스무 살 때보다 몸이 더 가볍게 느껴졌다. 하루에 할 수 있는 일의 양이 늘어났다. 같은 시간을 일해도 집중해서 할 수 있고, 시간 자체도 증가했다. 무엇보다, 아침에 일어나면 하루가 기대된다! 세상에.

2022년에 공인중개사 시험을 3개월 만에 1차, 2차 동시에 합격했다고 하니 주변 사람들이 다 놀랐다. 나조차도 놀랄 만한 일이었다. 진료에 개인 사업에 육아에 살림까지, 이 모든 것을 동시에 해내면서 시험공부를 하다니. 예전 같으면 상상도 못 할 일이다. 이렇게 할 수 있었던 것은 모두 달리기 덕분이라고 생각한다.

시험을 준비하는 동안에도 무조건 운동은 꼭 일과에 넣었다. 공부할 시간이 부족하지 않았냐고? 맞다. 특히 일하며 공부하는 수험생인지라 30분이 아쉬운 상황이었다. 하지만 그래도 하루 1시간 반은 운동에 할애했다. 며칠만 쉬어도 체력이 확 떨어지는 게 느껴졌기 때문이다. 그러면 집중력이 떨어져 오히려 더 시간을 낭비하는 셈이 됐다. 시험 직전 2주간을 제외하고 거의 매일 10킬로미터씩 뛰었다. 그리고 무난히 합격했다.

나는 요즘 매일 5시에 일어나 머리를 감고 커피를 내린다. 컴퓨터를 켜고 자리에 바로 앉는다. 글을 쓴다. 주말에도 똑같은 일상이 시작된다. 과거의 나보다 하루에 3배의 일을 해낸다. 스무 살 때 내가 이렇게 살 수 있다는 걸 알았다면 얼마나 좋았을까. 그랬다면 지금쯤 자격증 9개를 보유하고 있으려나?

인생을 바꾸고 싶다면, 운동해라.

산만해지는 원인을 제거한다

집중할 수 있는 시스템을 만든다

지금까지 내 몸을 집중하는 데 최적의 상태로 만드는 방법을 다뤘다. 이제 에너지가 충분해졌을 테니 공부할 의욕만 일으키면 된다. 마음 딱 잡고 집중하면 된다.

보통 공부법을 다룬 책들은 여기서 끝난다. "마음을 굳게 먹어라! 밝은 미래를 생각하며 최선을 다해라! 나는 이 정도 의지를 불태워 극복했다!"

당신이 의지가 강한 편이라 이런 말들로 효과를 본다면 그걸로 됐다. 하지만 아니어도 걱정하지 마라. 사실 우리 대부분은 의지가 형편없다. 마음을 아무리 굳게 먹어도 이틀을 못 가고, 고무줄처럼 늘었다 줄었다 시시각각 변하는 것이 바로 의지다.

그런데 애초에 못 믿을 거라고 생각하고 접근하면 또 길이 있다. 오히려 나는 이런 자세를 추천한다. 왜냐면 정말 의지란 의지해서는 안 되는 존재이기 때문이다.

만약 공부할 때 의지를 최우선으로 둔다면 엉망진창으로 흘러갈 것이다. 공부를 하다가 게임을 하고 싶으면 게임을 하고, 취미 생활을 멈추고 싶어도 멈출 수 없게 된다. 의지와 상관없이 집중해서 공부할 수밖에 없도록 시스템을 만들어야 한다.

여기서 중요한 건 시스템 자체에 글자 그대로 '어떤 의지도 작용할 수 없도록' 해야 한다는 점이다. 무슨 얘기냐면, 스마트폰 사용을 제한한다고 '하루에 1시간만 사용할 것' 이런 식으로 해두는 것은 시스템이 될 수 없다. 스마트폰을 덮을 때 엄청난 의지력을 발휘해야 하기 때문이다. 이런 식이면 100% 실패한다. 1시간이 1시간 반 되고, 2시간 되고…, 어느 순간 평소처럼 3시간 넘게 붙들고 있는 자신을 발견하게 된다. 이런 상황을 피하고 싶다면, 아예 '물리적으로 불가능하게' 해서 우리의 박약한 의지가 개입할 틈을 주지 말아야 한다.

지금부터는 이 시스템을 만들어보겠다. 당신이 더는 산만해지지 않고, 시간을 낭비하지 않게 해주겠다.

한 번에 끝내는 책상 정리

먼저 당신의 공부를 방해하는 적이 무엇인지 살펴봐라. 멀리 볼 필요 없다. 바로 가까이에 있을 것이다. 정리되지 않은 책상 말이다.

'이건 작년 교과서잖아? 그러고 보니 담임 선생님 엄청 무서 웠는데. 어라, 소설책도 있네? 내가 이 책을 다 읽었던가? 결말 이 어떻게 되더라? 어머, 내가 이런 걸 써 붙였었네? '집중하자! concentration!' 이때는 진짜 집중이 잘 안됐나 보다. 놀이공원 가서 찍은 인생 사진 여기 있었구나? 그날 재미있었는데. 근데 난 왜 뚱뚱해 보이지? 얘는 실물보다 잘 나왔네.'

눈에서 멀어지면 마음에서 멀어진다고 했던가. 반대로 눈에 보이면 마음에 훅 집어넣는 게 인간의 습성이다. 평소엔 관심 없던 물건들이 공부만 하려고 하면 흥미진진한 보물이 된다. 시 간이 훅훅 흘러간다. 당신도 경험해봤을 것이다.

이 사태를 피하기 위해 전 세계 수험생들이 공부 시작 전 책 상 정리를 한다. 문제는 여기에 엄청난 시간을 소비한다는 점이 다. 책상 정리하다가 지쳐서 공부는 시작도 못 하고 탈진한다.

이런 이유로 '매일 공부 전 책상 치우기' 같은 건 시스템이 될 수 없다. 이것은 오히려 의지를 소모하게 한다. 오늘부터는 그 러지 마라. 정리하는 데 에너지를 낭비하지 마라.

그럼 어떻게 하라고? 치우지 않고서도 집중할 수 있게 하는 방법이 있다고? 물론 있다. 그냥 책상에 있는 걸 싹 다 없애면 된다. 산만해질 것도, 치울 필요도 없게 하면 된다.

이번 시험에 필요한 교재만 남기고 나머지는 버려라. 지난번 시험 때 정리한 노트는 왜 남겨두는가? 다시 볼 것 같은가? 장담한다, 그럴 리 없다. 또한 그래서도 안 된다. 우리는 앞으로 계속 나아가야 한다. 추억이 담긴 물건이라고? 좋다, 큰 상자에 고이 담아라. 그리고 1년을 기다려봐라. 한 번도 안 열어볼 것이다. 그때 버려도 좋다. 어쨌든, 지금은 책상에서 치워라.

커다란 책꽂이가 책상 위에 있다면 그것도 줄여라. 나는 현재 너비 20센티미터짜리 책꽂이만 두고 있다. 오로지 당장 볼 책만 꽂아둔다. 책상은 책을 보관하는 장소가 아니다. 책장이 모자라서 어쩔 수 없다고? 그건 당신 집에 책이 너무 많다는 소리다. 책장에 꽂힌 책을 버려라. '인생 책'이라고 친구에게 선물할 정도인 책이 아니라면 다시 펼쳐볼 가능성은 0.0001%다. 내가 30년 넘게 책을 사고 버리면서 얻은 깨달음이다. 책장을 비우고, 책상에 임시로 보관돼 있는 책들을 그곳으로 옮겨라. 그들도 편안한 안식처에서 쉴 자격이 있다. 책상을 창고처럼 쓰지 마라.

공부를 하기 위해 도서관에 가본 적 있는가? 책상에 무엇무엇이 구비돼 있던가? 아무것도 없다. 그 덕분에 누구나 바로 앉아서 집중할 수 있다. 당신의 책상도 똑같이 만들어라. 단 1초의 시간도 낭비하지 않게 될 것이다.

취미 생활은 한꺼번에 몰아서

수험생도 인간이기에 약간의 즐거운 시간은 허용되어야 한다고 생각한다. 합격할 때까지 취미 생활을 없앤다든지 극단적으로 줄인다든지 하는 방향은 추천하지 않는다.

공부 과정은 꽤 고통스럽다. 진짜 집중해서 했다면, 하루 공부가 끝날 즈음엔 머리가 아프고 어깨가 뭉쳐서 더는 못 할 지경이 된다. 그 긴장을 중간중간 풀어주지 않으면 기나긴 수험 생활을 지속하기 어렵다. 따라서 적당한 취미 생활은 시험 준비를 하는 동안에도 유지하길 바란다. 넷플릭스 드라마 한 편씩 봐도 괜찮다. 자신을 너무 옥죄지 마라.

다만, 취미 생활에 빠져 공부를 등한시하면 문제가 된다. 만약 당신이 게임을 좋아하는 사람이라면 충분히 공감할 것이다. 분명 '30분만 해야지' 마음먹고 시작했는데 어느새 3시간이 사라져 있던 경험을, 그 시간을 메우려고 밤늦게까지 공부하느라 다음 날 비몽사몽으로 보낸 경험을 수없이 해봤을 것이다.

이런 사태를 막기 위해서는 어떻게 하면 좋을까? 알람을 설정해두고 1시간 후 알람이 울리면 멈추기? 글쎄, 인간의 의지가 그토록 훌륭하다면 알람을 맞출 필요도 없을 것이다. 엄마가 와서 등짝을 두들겨 패고 시간 됐으니 그만하라고 소리를 쳐도 못 끄는 게 인간이다. 분명 1시간만 하겠다고 엄마랑 굳게 약속하고 시작했는데도 급성 기억상실증이라도 발병했는지 적반하장으로 성질을 내는 게 인간이다.

따라서 자신의 의지에 기대지 않는 방법을 고안해야 한다. 아예 시간을 충분히 허용하는 것이다. 중간에 애써서 멈출 필요가 없도록, 할 때는 질릴 때까지 하도록 계획을 짜면 된다. '그만해야지'라고 노력해서 중단하지 않고, '아, 힘들어서 그만해야겠다'라며 저절로 놓아버리게끔 말이다. 만약 하루에 게임을 1시간 정도 하는 게 적정하다고 생각했다면, 일주일에 7시간을 취미에 쓰고 싶다는 것으로 볼 수 있다. 그렇다면 매일 1시간씩 7일로 나누지 말고, 몰아서 주말 중 하루를 7시간 연속 게임에 써봐라. 일요일 아침 9시부터 오후 5시까지, 밥 먹는 시간 빼고 내내 게임을 하는 것이다.

어떨 것 같은가? 온종일 게임을 하다니! 마냥 행복할 것 같은가? 나는 왠지 시작부터 일처럼 느껴질 것 같다. 아니라고? 좋다. 어쨌든 그 정도 하면 더 하고 싶다는 생각이 전보다 덜 들 것이고, 당신도 스스로 충분히 멈출 수 있을 것이다.

사실 처음에야 7시간 꽉 채워서 하지, 한 달도 못 가 슬슬 지겨워지는 것이 또 인간이다. 아무리 재미있는 영화도 2시간 반 넘어가면 몰입하기 힘들다. 지루하고 빨리 끝났으면 싶어진다. 게임도 마찬가지다. 몇 주 후에는 3시간쯤 하고 나면 쉽게 중단할 수 있다. 그럼 결국 일주일에 3시간만 하게 되는 것이다. 충분히 즐기고도 하루 30분도 안 하는 꼴이 된다. 괜찮은 방법 아닌가?

이 방법은 내가 개발한 게 아니다. 전공의 시절 소아정신과 병원에서 근무할 때 배웠다. 게임 때문에 부모와 실랑이하다 부모를 때리기까지 해서 입원한 아이가 있었다. 주로 언제 그러나 봤더니 꼭 게임 끝낼 때 문제가 발생했다. 이것을 어떻게 해결할지 논의하다가 나온 얘기다. 그때 교수님께서 "매일 1시간씩 하니까 그렇지. 그럼 감질나잖아. 매번 다툴 수밖에. 일주일에 한 번씩 몰아서 허용해야 해. 대신 충분히"라고 말씀하셨다. 간단하면서도 설득력이 있었다. 내 아이에게도 이 방법을 적용해봤더니 효과가 좋았다. 지금까지 게임이나 컴퓨터 시간 때문에 아이와 실랑이한 적이 한 번도 없다. 게임을 하느라 일과에 지장을 준 적도 없다. 절대적인 시간으로 보면 웬만큼 모범적인 가정보다 오히려 적게 하는 편이다.

'할 땐 마음껏 할 수 있다'라는 생각은 갈망을 줄여준다. '로미오와 줄리엣 효과Romeo and Juliet effect'라는 용어가 있는데, 타인이 반대하면 더 소중히 하고 사랑하게 되는 현상을 일컫는다. 그 효과가 차단되기 때문에 종일 마음껏 할 수 있다면 아무래도 덜 절실하게 느껴진다.

또 중독은 자주 노출될 때 더 잘 일어난다. 한 번 툭 끊어주면, 처음에는 찾게 되더라도 시간이 지나면 덜해진다. 매일 보던 드라마를 어떤 일이 있어 못 보게 되면, 3일만 지나도 생각이 덜 난다. 일주일쯤 안 보면 아예 흥미가 사라지기도 한다. 분명 그 전까진 매일 밤 그 시간만 되면 드라마 생각에 흥분했을 텐데 말이다. 게임도 마찬가지다. 매일 하면 매일 생각나지만, 며칠 자극이 들어오지 않으면 처음에는 갈망해도 어느 순간 욕구가 줄어든다.

- 매일 감질나게 ×
- 몰아서 충분하게 ○

당신도 한번 시도해봐라. 취미 생활에 매몰되지 않고 적당히 누리며 공부할 수 있을 것이다. 조금이나마 즐거운 수험 생활을 보내기 바란다.

스마트폰에 시간을 뺏긴다면

스마트폰, 이건 참 수험생에게는 쥐약이다. 아니, 그냥 인간에게 쥐약이다. 이것만큼 우리의 시간을 잡아먹고 주의를 산만하게 하는 것도 없다. 집중해서 뭘 좀 하려고 하면 문자 오고, 메일 오고, 궁금해서 찾아야 할 게 생기고…. 내가 요 녀석 때문에 버린 시간을 계산하면 당장 인생에서 쫓아내야 마땅하다.

그러나 스마트폰 없이 어찌 살 것인가. 연락이며 온갖 사무를 이것으로 처리하는데. 컴퓨터를 쓰면 된다고? 터치 몇 번이면 해결할 일을 매번 컴퓨터 전원을 켜기도 번거롭고, 시간도 더 든다. 이동 중에 급하게 처리해야 하는 일은 또 어쩌고.

나는 그간 중요한 시험을 볼 때 스마트폰이 문제가 된 적은 없었다. 전문의 시험을 준비할 때가 2010년이 끝날 무렵이었는데, 폴더폰을 사용하고 있었기 때문이다. 솔직히 일찍 태어나서 참 다행이라고 생각했다. '요즘 수험생들은 스마트폰 때문에 고생이 많겠네'라며 남의 일로만 여겼다.

그러다가 갑자기 2022년에 시험을 준비하면서 스마트폰의 공격에 제대로 시달렸다. 혹시 중요한 연락이라도 왔나 싶어 전화기를 열어봤을 뿐인데 눈 깜짝할 새 1시간이 그냥 지나갔다. 어떨 때는 30분 공부하고 1시간 30분을 날려 먹은 적도 있다. 집중해서 시간을 티끌처럼 모아두면 스마트폰이 뭉텅 가져갔다. 그때마다 짜증이 나서 에너지가 더 고갈됐다.

참 신기한 일이었다. 전화기를 숨기고 이불 속에 넣어보고 별짓을 다 해봐도 어느 순간 손에 들려 있었다. 이렇게 말하니 스마트폰이 나쁜 놈인 것 같지만, 사실 내가 문제였다. 그럴 리 없는데도 혹시 누가 나를 애타게 찾고 있진 않나 10분 간격으로 확인한 게 나니까. 스스로의 행동을 도저히 통제하기 어려웠다.

해결 방법이 떠오르지 않았다. 스마트폰을 열어보는 확실한 원인이 있으면 그걸 찾아서 제거하면 되는데, 딱히 원인이랄 게 없었기 때문이다. 아무런 이유 없이 지루하면 열어대는 걸 어떻게 막겠나. 수험 생활은 지루함의 연속 아닌가. 어떤 노력을 해도 조절하지 못할 것이란 생각이 들었다. 그래서 받아들이기로 했다. 나의 행동 패턴을 이용하기로 했다.

가만히 내 행동을 관찰해보니 스마트폰이 진짜 재미있어서 보는 게 아니었다. 심심해서, 그저 새로운 자극이 필요해서 열 때가 많았다. 그렇다고 뭔가 새로운 자극을 찾지도 못했다. 솔직히 그렇지 않은가? 뉴스나 블로그나 유튜브나 사실 다 비슷비슷한 내용이 반복될 뿐이다. 며칠만 돌아다니면 똑같은 주제나 내용을 다른 사람이 조금 바꿔서 올렸을 뿐이란 걸 쉽게 깨달을 수 있다. 나도 아주 잘 알았다. 그럼에도 계속 클릭하면서 못 빠져나오는 경우가 대부분이었다.

그래서 인터넷 대신 '그저 자극을 줄' 콘텐츠를 스스로 만들기로 했다. 이왕 보는 것, 생산적인 콘텐츠를 보면 좋지 않겠는가. 그래서 전화기에 공부할 내용을 사진으로 찍어 저장했다. 심심해서 스마트폰을 열 때, 인스타 말고 내가 찍은 교재 사진들을 펴보기로 했다. 그러면 지하철로 이동할 때 등 자투리 시간을 활용해 복습도 하고 지루함도 날리고, 일석이조 아니겠는가.

어떻게 됐을까? 오, 확실히 효과가 있었다. 아예 전화기를 안 열어보게 됐다! 스마트폰을 공부할 도구라고 생각하니 쳐다보기도 싫어졌다. 지하철을 타는 그 지루한 시간에도 펼쳐볼 생각이 안 들었다. 눈을 감고 휴식을 취하게 됐다. 차라리 명상을 하지 공부는 못 하겠더라. 그렇게 스마트폰 중독에서 벗어났다. 대체요법과 혐오요법의 효과를 동시에 본 것이다.

- 대체요법: SNS, 인터넷 대신 학습 자료를 보는 것으로 대체
- 혐오요법: '스마트폰 = 학습 도구'로 인지하게 함

대체요법과 혐오요법은 중독 환자를 치료할 때 쓰는 두 가지 방법이다. 예를 들어 담배 대신 니코틴을 주는 것은 대체요법이다. 의지로 중단하기 어려우니, 어차피 피운다면 해로운 것을

더 안전한 것으로 대체하는 것이다. 혐오요법은 예컨대 알코올 중독 환자에게 술을 먹으면 부작용을 심하게 앓는 약을 주는 방법이다. 술을 마실 때마다 괴롭게 해서 술을 마시고 싶다는 생각 자체가 안 들게 하는 것이다.

스마트폰에 공부할 내용을 저장해두고 SNS, 인터넷 대신 사용하면 이 두 가지 효과를 동시에 볼 수 있다. 나는 이 방법으로 무사히 시험을 마쳤다. 만약 당신도 스마트폰 때문에 공부할 시간을 빼앗기고 있다면 꼭 한번 써보길 바란다.

온 세상에 도움을 청한다

혹시 집에서 공부하는가? 자꾸 가족과 수다를 떨게 되고 온갖 물건 탓에 산만해지는가? 냉장고를 뒤적거리고 TV를 켤까 말까 고민 중인가? 침대가 30분만 누우라고 유혹하는가? 그렇다면 도서관에 가라. 거실에서 TV를 없애지 않아도, 책상을 침실 밖으로 꺼내지 않아도, 냉장고와 가족을 제거하지 않아도(?) 바로 집중할 수 있다.

앞서 주의를 산만하게 하는 원인을 제거하는 방법들에 대해 다뤘는데, 사실 도서관만 갈 수 있다면 집중력 문제는 바로 해결된다. 도서관에서는 책상 정리를 할 필요가 없다. 물리적으로 취미 생활이 불가하다. TV도 없고 게임기도 없다. 그리고 조용하다. 말을 걸어대는 사람이 없다. 이렇게 공부하기 좋은 환경이 어디 있나.

게다가 도서관에는 노는 사람이 없다. 모두 책상에 앉아 있다. 주변에 죄다 책 읽고 공부하는 사람들뿐인데 당신이 무엇을 할 수 있을까? 덩달아 가만히 책을 펴고 있을 수밖에 없다. 돌아다니고 싶어도 한 번 더 참게 된다. 전화기도 눈치 보여서 오래 붙들지 않게 된다. 도서관에 가는 것은 공부 집중력을 올리는 가장 완벽한 방법이라고 할 수 있다.

물론 이 완벽한 방법에도 한계가 있다. 일단 도서관에 가는 것 자체가 문제다. 사람들이 매년 헬스장에 등록해두고 몇 번 못 가는 이유가 뭘까? 운동이 힘들어서? 아니다. 문밖을 나서기 힘들어서다. 도서관도 마찬가지다. 집에서 출발할 의지가 안 생기는 거다.

이럴 때는 자신의 부족한 의지를 받아들이는 것이 좋다. 안 되는 걸 혼자 낑낑대지 말고 다른 사람의 도움을 받아라. 첫 번째로 생각할 수 있는 사람은 친구다. 공부를 열심히 하고자 하는 친구와 함께해라. 자기와의 약속은 안 지켜도 남과의 약속은 그나마 지키려고 하는 게 인간이다. 친구와 '매일 ○시에 도서관에서 만나자'라고 약속해라.

나는 이 방법으로 꽤 효과를 봤다. 본과 3~4학년 때 성적이 크게 뛰어오른 것도 이 방법 덕이었다. 수업 끝나고 학교 도서관에 가는 것은 굉장한 의지가 필요한 일이었다. 수업이 없는 날은 더 했다. 집에서 학교까지 1시간이나 걸렸기 때문에 주말에 학교 도서관에 가기가 너무나 귀찮았다. 그러나 귀찮다고 집에서 공부를 했다가는 계획한 진도의 반도 못 나갔으므로, 어떻게든 도서관에 가기는 해야 했다.

이때 나의 나약한 의지를 북돋아 준 것이 바로 친구다. 3학년 때 강의실 옆자리에 자주 앉게 되면서 친해진 아이가 있었다. 돌이켜보면 그 친구는 당시 좀 심심했던 게 아닌가 싶긴 한데, 어쨌든 내가 주말에 도서관에 나타나지 않으면 왜 안 오냐고 매번 문자를 보냈다. 끝내 가지 않은 날도 더러 있었지만, 그래도 대부분은 갔다.

그 덕분에 이전 학년보다 훨씬 많은 양을 공부할 수 있었다. 같은 시간 공부해도 집중이 더 잘됐기 때문이다. 이 친구가 없었을 때는 도서관 화장실 앞에서 마주치는 선후배나 동기들과 수다 떠느라 날려버린 시간이 상당했는데, 챙겨주는 친구를 생각해서라도 허송세월하지 말자고 마음을 다잡을 수 있었다. 지금의 나를 있게 해준 고마운 친구다. 지금도 옆에서 격려하고 있다(요즘엔 서로 책 쓰기를 응원하고 있다). 당신도 함께할 친구가 있다면 도움을 주고받길 바란다. 큰 힘이 될 것이다.

만약 주변에서 이런 친구를 찾을 수 없다면 가족의 도움을 받을 수도 있다. 부모님께 아침마다 도서관에 가라고 얘기 좀 해달라고 부탁해라. 당신이 의지박약이라 그 말에도 움직이지 않을 것 같다면, 도서관에 좀 데려다 달라고 부탁해라. 즐거이 들어주실 것이다. 자식이 공부를 하겠다는 것만큼 부모 마음을 기쁘게 하는 것이 세상에 또 있으랴.

당신이 만약 독립해 결혼한 상태라면 배우자에게 요청해라. 자격증 하나를 더 따서 이 집안을 일으켜 세울 테니 도와달라고 해라. 부자로 만들어주겠다는데 마다하겠는가?

혹시 가족이 비협조적이라고? 주변에 도무지 사람이 없다고? 그렇다면 완벽한 타인의 도움을 받아라. 요즘에는 '○○ 챌린지'라고 다수의 낯 모르는 사람들이 서로 격려하고 챙겨주는 프로젝트가 많다. 화상회의 앱 줌으로 아침마다 만나기도 하고, 댓글을 남기면서 목표를 이뤄간다. 함께 공부할 랜선 이웃을 찾아라.

당신은 혼자가 아니다. 의지가 부족하다고 좌절하지 말고, 적극적으로 도움을 요청해라. 그래도 된다. 아니, 그게 더 쉽고 성공률이 높다. 어떤 방법을 쓰든 누구의 도움을 받든, 일단 도서관에 가라. 그다음은 저절로 이뤄질 것이다.

아무리 노력해도 집중하기 어렵다면

내가 진료하는 곳에는 20~30대 젊은 환자들이 주로 방문한다. 10대 청소년도 종종 온다. 상당수가 학생이어서 학업 스트레스가 주요 방문 이유다. '집중이 잘 안된다, 시험 때문에 불안하다, 우울하다, 기억력이 떨어지는 것 같다' 등 공부가 안돼서 괴롭다고 찾아온다.

왜 공부가 안되는지 원인을 살펴보면 크게 네 가지로 나뉜다.

첫째는 몸이 안 따라주는 경우다. 지쳤든 잠을 못 잤든, 낮에 피로하고 졸린 상태가 지속돼 집중이 잘 안되는 것이다.

둘째는 시험 기간이 문제가 되는 경우다. 이런 사람들은 평소라면 무난히 견뎌낼 스트레스를 시험 기간에 유독 심하게 겪는다. 온갖 잡생각에 집착하고 인간관계 문제에 휘말려 집중하지 못한다.

셋째는 실제로 집중력 장애가 있는 경우다. ADHD를 앓는 이들은 보통 사람보다 쉽게 산만해지고 한곳에 진득하니 앉아 있기 어려워 공부를 끝까지 해내지 못한다.

넷째는 집중력을 떨어뜨리는 다른 정신과적 문제에 빠졌을 경우다. 자신이 ADHD인 줄 알고 방문했다가 우울증이나 불안장애로 진단받는 이들도 상당히 많다.

이처럼 도저히 집중하기 어려울 때, 원인을 감별하는 방법과 해결법을 간단히 살펴보자. 여기서 소개하는 방법으로 해결이 되면 가장 좋은데, 만약 추가적인 조치가 필요하다면 전문가의 도움을 받아라. 헤매지 않고 빠른 시간에 올바른 치료 방법을 찾길 바란다.

몸이 안 따라줄 때

집중이 잘 안될 때는 가장 먼저 '혹시 졸린가?' 자신에게 묻자. 그렇다는 판단이 들면 커피를 마시거나 잠을 더 자라.

'너무 당연한 얘기 아닌가?' 싶을 것이다. 맞다, 너무 당연한 얘기다. 그런데 놀랍게도 생각보다 많은 사람이 그렇게 하지 않는다.

<사례 1>

"요즘 공부하는 데 집중이 잘 안돼요."

"혹시 낮에 졸리나요?"

"네."

"커피 드시나요?"

"아니요."

"왜 안 드시나요?"

"커피를 싫어해서요."

"그럼 다른 에너지 드링크 같은 걸 마시나요?"

"카페인이 싫어서 안 먹어요."

하루에 커피를 두 잔씩 마시는 나에게는 다소 의외의 답변이었다. '왜 졸린데 커피를 안 마시지? 마시면 집중이 될 텐데?' 그러나 한편으로는 또 이해가 됐다. 나도 스물일곱 살 때까지는 커피를 안 마셨기 때문이다. 이틀에 한 번씩 밤을 새우는 시험 기간에도, 인턴 때 당직을 서면서도 꾸벅꾸벅 졸면서 버텼지 커피는 안 마셨다. '커피는 몸에 나쁘다'라는 생각이 무의식에 박혀 있었기 때문이다.

커피에 대해 나쁜 인상을 갖게 된 이유가 정확히 뭔지는 모르겠다. 어렸을 때 어머니께서 커피를 타 마실 때마다 "어린아이가 커피 마시면 머리 나빠져"라는 얘길 하셔서일까? 당시 '그럼 어른은 머리가 안 나빠지나?'라는 의문을 품긴 했지만, 그때는 내가 의학적 지식이 전무했으므로 일단 믿을 수밖에 없었던 것 같다. 다른 것도 아니고 머리가 나빠진다니 셀프 시험을 해볼 엄두가 안 났다. 게다가 실제 커피를 처음 마셔봤을 때, 고작 175밀리리터짜리 캔커피에 종일 심장이 두근거렸던 터라 커피는 해롭다는 생각이 더 강해진 것 같다.

그러나 카페인은 독약이 아니다. 오히려 당뇨에 좋다, 간에 좋다, 심장에 좋다 등 건강에 좋다는 연구 결과가 차고 넘친다. 심지어 수명이 길어진다는 설도 있다. 무엇보다 커피가 인지 기능을 향상시킨다는 연구 결과는 압도적이다. 커피를 하루 두세 잔씩 마시는 사람들이 안 마시는 사람들보다 치매에 덜 걸리더라는 연구 결과도 있다. 잘만 활용하면 공부하는 데 아주 유용한 도구다. 그러니 혹시 주저하고 있다면, 지금부터 맘 놓고 마셔도 된다.

<사례 2>

"낮에 너무 졸리고 정신이 없어요. 무기력해요. 아무것도 하기 싫어요. 이걸 고치고 싶어요."

"수면 시간이 얼마나 되나요? 몇 시부터 몇 시까지 주무시나요?"

"5시간쯤 자요. 새벽 2시쯤 자서 7시쯤 일어나요."

"원래는 몇 시간 잤어요?"

"원래는 8~9시간 잤어요."

"아이고, 그럼 낮에 진짜 졸리겠네요. 잠 못 자는 특별한 이유가 있나
요? 걱정거리라든가…."

"아니요. 그냥 한밤중에 혼자 깨어 있는 게 좋아서요."

"음…. 무기력을 개선하려면 잠을 잘 자야 할 텐데요."

"그래도 한밤에 누리는 저만의 자유 시간은 정말 소중해요. 그걸 줄이
고 싶진 않아요."

며칠 전 진료실에서 나눈 대화다. 내가 기억하는 한 진실만
을 말했다.

왜 저렇게 행동하는지 이해가 안 되는가? 그러나 지적하긴
이르다. 우리도 똑같다. 밖에서 남이 보면 너무 당연하지만 막
상 자신이 그 안에 있으면 잘 깨닫지 못한다.

"요즘 자꾸 살이 쪄서 고민이에요."

"운동은 하시나요?"

"아니요."

"왜 안 하세요?"

"힘든 걸 싫어서요."

"그럼 식이요법은요? 탄수화물 섭취를 줄이셔야 할 텐데요."

"아니, 제 유일한 낙이 밥빵면인데 그걸 어떻게 줄여요?"

이 봐라. 우리도 결코 다르지 않다.

복잡해 보이는 문제가 의외로 간단히 해결될 수 있다. 내 문제를 남의 관점에서 바라보면 또는 친구의 고민을 상담하는 입장이라고 생각해보면, 답이 바로 보일 때가 있다.

돌이켜보면 나도 학생일 때 스스로 졸린지 어떤지조차 잘 깨닫지 못했던 것 같다. 그저 '왜 이렇게 집중이 잘 안되지? 뭐가 문제지?' 괴로워하며 책상 앞에서 막연히 시간을 보내곤 했다. 그러다가 동기가 "나는 짜증이 나면 나한테 '혹시 졸린가?' 물어서 졸리면 자고, '혹시 배고픈가?' 물어서 배고프면 먹어. 그럼 보통 해결되더라"라고 말하는 걸 듣고 신선한 충격에 빠졌던 기억이 난다.

그 후부터 나도 내 몸 상태를 객관적으로 체크하기 시작했다. 그리고 그 결과에 따라 대응했더니 웬만한 문제는 훨씬 수월하게 해결됐다. 우리는 '생각하는 인간'이기 이전에 '신체를 가진 동물'이니까.

아무리 집중하려 해도 잘 안된다면 먼저 몸을 살펴봐라. 지쳤으면 쉬고 잠이 부족하면 자라. 커피가 필요하면 마셔라. 졸음을 쫓기만 해도 집중력이 확 올라간다. 커피와 잠, 이 단순하고 명쾌한 방법을 꼭 활용해라.

잡생각 때문에 미칠 것 같을 때

시험 기간에는 이 생각 저 생각 온갖 생각이 머릿속을 바쁘게 돌아다닌다.

'어제저녁에 그 말을 하지 말 걸. 윤아 표정이 굳은 것 같았는데, 기분이 나빴을까? 기분 상하게 하려는 건 아니었다고 말해야 할까? 아닌가? 내가 착각한 걸까? 아니야. 혹시 오해하고 있으면 어떡하지? 아, 그럼 좀 억울한걸…. 작년에도 비슷한 일이 있었는데 왜 또 그랬지? 걔가 요즘 남자친구랑 사이가 안 좋다는 걸 염두에 뒀어야 하는데 바보같이….'

하루만 지나도 기억나지 않을 만큼 사소하고 쓸데없는 고민을 사서 하게 된다. 상대방은 신경도 안 쓰는데 혼자서 북 치고 장구 치고 상상의 나래를 펼친다.

굳이 시험 기간에 고백을 하거나, 이별을 하거나, 새로운 친구를 사귀거나, 싸우기도 한다. 잡생각을 하다 하다 못 견디고 행동으로 옮기는 것이다. 정신과 의사가 아무리 말려도 소용없다. 다음 외래 날짜까지 일주일을 못 참고, 헤어진 여자친구한테 전화해서 상황을 복잡하게 만든다. 그러고는 도저히 그녀 생각 때문에 집중할 수가 없다고 호소한다(그러게 전화하지 말랬더니). 잡생각을 없애려면 어떻게 해야 하는지 묻는다.

이럴 땐 어떻게 하면 좋을까? 정신과 의사로서 답하자면 크게 네 가지 방법이 있다.

- 약물치료

- 잡생각 흘려보내기

- 이름 붙이기

- 몸을 움직여 잡생각에서 벗어나기

첫 번째는 끊임없이 떠오르는 생각을 줄여주는 약을 먹는 것이다. 세로토닌 재흡수 억제제Selective Serotonin Reuptake Inhibitor, SSRI라는 약물이다. 만약 당신이 강박증처럼 특정 생각이 반복적으로 드는 것 때문에 괴롭다면 효과가 있을 것이다. 그러나 임상 경험상 '그냥 잡생각'에는 큰 효과가 없는 듯하다. 애초에 병이라고 보기엔 모호한 부분도 있다. 우리가 인지하지 못해서 그렇지 생각은 숨 쉬듯 떠오르는 것 아닌가. 어디까지가 병이고 어디까지가 정상일까? 글을 쓰고 있는 현재의 나도 방금 '오늘 점심에 뭘 먹지?'라는 생각을 했다. 이걸 어떻게 없애겠나. 약물로 온갖 생각이 떠오르는 것 자체를 막기는 역부족인 것 같다.

두 번째는 생각은 끝없이 솟아나기 마련이라는 진실을 받아들이는 것이다. '지금 내가 잡생각을 하고 있구나'라고 깨닫고, 그러든 말든 공부를 계속하는 것이다. 이게 가능하냐고? 물론이다. 처음에는 집중하기 어려워도, 계속하다 보면 어느 순간 초점이 공부로 옮겨간다. 우리의 주의력이 형편없기 때문에 가능한 일이다. 잡생각에 집착만 하지 않으면 언제든 다른 주제로 이동할 수 있다.

176

여기서 중요한 건 공부에 집중하려면 '잡생각에 집착하지 않는다'라는 전제를 만족해야 한다는 점이다. 그냥 흘러가게 둬라. 그럼 곧 지나간다. 절대 잡생각을 멈추려고 하지 말아야 한다. 떨쳐버리려고 하면 오히려 계속해서 당신을 괴롭힐 것이다.

북극곰 실험이라고 들어봤는가? 미국의 심리학자 대니얼 웨그너Daniel Wegner가 1987년에 진행한 실험으로, 사고를 억제하는 것이 역설적으로 생각을 더 떠올리게 한다는 사실을 밝혔다. '북극곰을 생각하지 말라'라는 지시를 받은 그룹이 대조군보다 훨씬 더 많이 북극곰을 떠올리게 됐다는 것이다. 당신도 딱 1분간 북극곰을 절대 떠올리지 말아 봐라. 음, 북극곰으로 괴로워하는 당신이 보이는 것 같다. 미안하다. 그러나 지금부터 그저 생각을 흘리며 앞으로 나올 문단을 읽으면 곧 호전될 것이다.

보통 잡생각을 하다가도 다른 행동을 하면 그쪽으로 주의가 옮겨간다. 하지만 유달리 한 가지 잡생각이 오래 지속될 때도 있다. 특히 격한 감정을 불러일으키는 경우에 그렇다. 최근 좋아하게 된 사람이나 아주 싫어하는 사람 또는 슬픈 사건 같은 생각에 빠지면 몇 시간씩 헤어나기 어려울 수 있다. 이럴 때는 세 번째 방법, '이름 붙이기'가 도움이 된다. 감정적인 문제를 이성적인 문제로 바꾸는 것이다. 예를 들면 '내가 이 사람을 좋아하는구나', '내가 이 사람 때문에 화가 나서 자꾸 생각하는구나', '지금 이 문제 때문에 슬프구나'처럼 객관적으로 요약하는 것이다. 정신과 의사가 당신의 말을 듣고 정리하듯 말이다.

이렇게 복잡한 생각을 짧은 문장으로 바꾸면 처리하기가 매우 쉬워진다. 생각을 뒤로 미룰 수도 있다. '내가 이 사람을 좋아하는구나. 오케이. 그런데 지금은 바쁘니까 일단 시험 끝나고 고민하자' 하는 식으로 말이다.

진짜로 생각을 미룰 수 있냐고? 나도 처음에는 믿지 못했다. 의과대학 동기 한 명이 누군가에게 마음이 홀려 공부가 방해될 때 쓰는 방법이라고 수줍게 밝혔을 때 '이런 비인간적인 인간을 봤나'라고 생각했다. 정신과 의국 동기도 같은 방법을 쓰고 있다고 해서 '어? 역시 너도 비인간적인 인간이구나' 넘어갔다. 그러다가 나도 한번 써봤는데 정말 효과가 좋았다. '내가 이 사람을 싫어하는구나. 오케이. 그런데 지금은 바쁘니까 일단 시험 끝나고 고민하자.' 당신도 꼭 시도해봐라. 생각에 이름을 붙이면 처리하기가 쉬워진다.

이상의 기법들을 다 써봤는데도 도저히 집중하기 어렵다면 마지막 방법, 몸을 사용해봐라. 인간은 멀티 태스킹을 잘 해내지 못한다. 강제로 한 가지 일을 하게 하면 다른 하나는 집중할 수 없게 된다. 이를 이용하는 것이다. 책을 소리 내서 읽어라. 밑줄을 긋고 동그라미를 쳐라. 그러면 잡생각이 줄어든다. 책 읽기와 잡생각을 동시에 할 수는 없기 때문이다. 이렇게 하다가 궤도에 오르면 조용히 집중하면 된다.

잡생각을 불편한 친구라고 생각하고 잘 지내길 바란다. 절대 싸우지 마라. 가만히 내버려 두면 어느새 사라질 것이다.

혹시 내가 ADHD?

한자리에 오래 앉아 있는 걸 유난히 못 견디는 편인가? 어느 순간 멍하니 있는 자신을 발견하게 되는가? 책을 읽어도 글자가 눈에 잘 안 들어오는가? 대화 도중 무슨 얘기를 하던 중이었는지 놓치는 일이 많은가? 해야 할 일을 종종 잊어버리는가? 머릿속이 뒤죽박죽일 때가 잦은가? 복잡한 일은 자꾸 미루게 되는가?

지금까지 나열한 증상으로 생활에 지장이 있는가? 혹시 주변 사람들한테 자주 지적을 당하는가? 그렇다면 ADHD를 앓고 있는 것일 수도 있다.

이 질환을 앓으면, 재미없고 반복적인 활동은 시작하기도 어렵고 자꾸 다른 행동을 하느라 중단되기 일쑤다. 강의를 듣다가 딴생각하느라 놓치고, 책도 멍하게 읽고 지나간다. 즉, ADHD가 있으면 이래저래 공부를 해내기가 어렵다. 공부는 재미없고 반복적인 활동의 집합체이자 고도의 집중력을 요하는 과제이기 때문이다. ADHD를 앓는 사람이 공부하길 힘들어하는 건 노력이나 의지가 부족해서가 아니다. 병 자체의 성질이 그렇다. 자신이 게으르다고 생각해서 방문했는데 ADHD로 진단받는 경우도 상당하다.

다음은 임상에서 사용하는 ADHD 진단 기준(정신질환의 진단 및 통계 편람Diagnostic and Statistical Manual of Mental Disorder 5판)이다. 크게 두 가지 증상으로 나눠 평가한다. '부주의 증상'과 '과잉행동-충동성 증상'이다. 각각 9개 증상 중 5개 이상에 해당하면 ADHD를 강력히 의심할 수 있다. 자신의 상태를 한번 체크해봐라.

〈부주의 증상〉

□ 종종 세부적인 면에 면밀한 주의를 기울이지 못하거나 학업, 직업 또는 그 외 활동에서 부주의한 실수를 저지름(예: 세부적인 것을 못 보고 넘어가거나 놓침, 작업이 부정확함)

□ 종종 과제를 하거나 놀이를 할 때 지속적으로 주의 집중을 할 수 없음(예: 강의, 대화 또는 긴 글을 읽을 때 계속해서 집중하기가 어려움)

□ 종종 다른 사람이 말할 때 경청하지 않는 것처럼 보임(예: 명백하게 주의 집중을 방해하는 것이 없는데도 마음이 다른 곳에 있는 것처럼 보임)

□ 종종 지시를 완수하지 못하고 학업, 잡일 또는 작업장에서의 임무를 완수하지 못함(예: 과제를 시작하지만 빨리 주의를 잃고 쉽게 곁길로 샘)

□ 종종 과제와 활동을 체계화하는 데 어려움이 있음(예: 순차적인 과제를 처리하거나, 물건 또는 소지품을 정리하거나, 체계적으로 작업하거나, 마감 시간을 맞추는 데 어려움을 겪음)

□ 종종 지속적인 정신적 노력을 요구하는 과제에 참여하기를 기피하고, 싫어하거나 저항함(예: 학업 또는 숙제 등. 후기 청소년이나 성인의 경우에는 보고서 준비하기, 서류 작성하기, 긴 서류 검토

하기)

□ 과제나 활동에 꼭 필요한 물건들을 자주 잃어버림(예: 학습 과제, 연필, 책, 도구, 지갑, 열쇠, 서류 작업, 안경, 휴대전화)

□ 종종 외부 자극(후기 청소년과 성인의 경우에는 관련이 없는 생각들이 포함될 수 있음) 탓에 쉽게 산만해짐

□ 종종 일상적인 활동을 잊어버림(예: 잡일하기, 심부름하기 등. 후기 청소년과 성인의 경우에는 전화 회답하기, 청구서 지불하기, 약속 지키기)

〈과잉행동-충동성 증상〉

□ 종종 손발을 만지작거리며 가만두지 못하거나 의자에 앉아서도 몸을 꿈틀거림

□ 종종 앉아 있도록 요구되는 교실이나 그 밖의 상황에서 자리를 떠남(예: 교실이나 사무실, 그 외 업무 현장 또는 자리를 지키는 게 요구되는 상황에서 자리를 이탈함)

□ 종종 부적절할 정도로 지나치게 뛰어다니거나 기어오름(주의점: 청소년 또는 성인에서는 주관적으로 좌불안석을 경험하는 것에 국한될 수 있음)

□ 종종 조용히 여가 활동에 참여하거나 놀지 못함

□ 종종 '끊임없이 활동하거나' 마치 '태엽 풀린 자동차처럼' 행동함(예: 음식점이나 회의실에서 장시간 가만히 있을 수 없거나 불편해함. 다른 사람에게 가만히 있지 못하는 것처럼 보이거나 가만히

있기가 어려워 보일 수 있음)

□ 종종 지나치게 수다스럽게 말함

□ 종종 질문이 끝나기 전에 성급하게 대답함(예: 다른 사람의 말을 가로챔. 대화할 때 자신의 차례를 기다리지 못함)

□ 종종 자신의 차례를 기다리지 못함(예: 줄 서기)

□ 종종 다른 사람의 활동을 방해하거나 침해함(예: 대화나 게임, 활동에 참견함. 묻거나 허락을 받지 않고 다른 사람의 물건을 사용하기도 함. 청소년이나 성인의 경우 다른 사람이 하는 일을 침해하거나 꿰찰 수 있음.)

만약 6개월 이상 상당수 증상이 지속된다면 그리고 이 때문에 학업이나 일에 지장을 받는다면, 가까운 정신건강의학과를 방문하기를 권한다.

뇌 내 도파민을 올려주는 약물로 치료하는데, 낮에 졸린 증상을 잡아주고 글을 끝까지 집중해서 읽게 도와준다. 방방 들뜨는 경향이 있다면 차분히 생각할 수 있게 해주며, 미루는 증상도 호전된다. 정확히 진단하고 치료하면 ADHD 증상은 현저히 좋아질 수 있다. 남들보다 유달리 집중하기 힘들다고 느끼면 꼭 병원을 찾아가길 바란다.

언젠가부터 바보가 된 것 같을 때

정신과적으로 집중력이 저하되는 질환이 ADHD만은 아니다. 어느 날부터 갑자기 기억력과 집중력이 뚝 떨어지는 경우는 오히려 순수 ADHD일 가능성이 작다. "1년 전부터 시작됐어요", "3개월 전부터 악화됐어요"라고 호소하는 젊은 환자들은 보통 불안장애나 우울장애 때문인 경우가 많다.

얼마 전 '바보가 된 것 같다. 머리가 돌이 된 것 같다'라며 스물세 살 환자가 찾아왔다. 서울대학교 졸업반 학생이었다. 언제부터 증상이 생겼느냐고 물었더니, 대학교 입학 때부터 시작됐는데, 1년 전부터는 아무것도 할 수 없을 정도로 악화됐다고 했다. 얼마나 고통스러운지 이야기하면서 눈물을 보이기도 했다. 다른 사람들이 하는 얘기를 알아듣지 못하겠고, 기억력이 형편없이 떨어져서 성적이 바닥이라고 했다.

얘기를 들어보니 특목고 출신으로, 고등학생 때까지 공부를 못해본 적이 없는 사람이었다. 그런데 대학 신입생 때 들어간 동아리가 문제였다. 그곳의 선배들이 너무 똑똑해 보였던 거다. '내가 여기에 어울리는 사람일까? 끝까지 잘 버틸 수 있을까?' 불안에 휩싸였다. 불안한 마음에 집중력이 떨어져 과제 수행 속도가 느려지고, 뒤처지다 보니 더 불안해지고 더 집중할 수 없게 되고, 성과가 더 떨어지고, 우울해지고, 우울해져서 더 집중력이 떨어지고…. 완전히 악순환에 빠진 것이다.

어떤 상황인지 알 것 같았다. 불안과 우울이 덮쳐서 머리가 돌이 되어버리는 현상 말이다.

불안은 모든 수험생에게 찾아온다. 공부를 하면서 불안하지

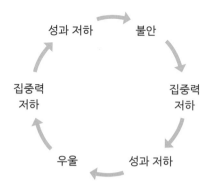

성과 저하 → 불안 → 집중력 저하 → 성과 저하 → 우울 → 집중력 저하 → 성과 저하

않은 사람이 있을까? 오히려 전혀 불안하지 않다면 그것도 또 문제다. 천하태평으로 미루고 대충 하게 될 테니 말이다. 적절한 수준의 긴장은 집중도를 올려줘서 공부에 도움이 된다.

그러나 불안이 과하면 그때부터는 정신이 산만해진다. 마음 한구석에서 모터 달린 기계가 끊임없이 덜덜거린다. 불편한 생각이 시도 때도 없이 끼어든다. 공부하는데 윗집이 인테리어 공사를 하는 상황과 비슷하다. 머릿속이 시끄러워 집중하기가 어렵다.

이뿐인가. 불안은 신체에도 악영향을 끼친다. 심장을 두근거리게 한다. 그러면 그게 또 집중을 방해한다. 당신도 아마 경험해봤을 것이다. 시험지 나눠줄 때 심박동수가 치솟으면 1번 문제가 눈에 안 들어오지 않던가. 또 불안은 근육을 수축시킨다. 목덜미가 뻣뻣해지고 두통이 온다. 이는 에너지를 급속도로 고갈시켜 피곤하게 하며, 잠이 드는 데 시간이 오래 걸리게 한다.

불안장애는 우울증으로 이어지기도 한다. 연구에 따르면 불안장애 환자의 60% 이상이 우울장애를 동시에 겪는다. 우울장애는 그 자체로 뇌의 기능을 떨어뜨린다. 집중하지 못하게 하고, 정보 처리 속도를 늦춘다. 뇌가 멈춘 것처럼 느껴지게 한다. 치매에 걸린 줄 알고 방문한 사람의 20%가 치매가 아니라 우울장애였다는 결과도 있다.

앞서 찾아온 학생은 "2년간이나 돌처럼 지냈는데, 굳어진 머리가 영원히 이 상태면 어떻게 하나요?"라고 걱정했다. 자신이 과연 좋아질 수 있을지 묻고 또 물었다. 나는 그 학생에게 앞서의 사실들을 설명하고, 항우울·항불안제인 SSRI를 처방했다.

어떻게 됐을까? 일주일 만에 환한 얼굴로 돌아왔다. 이제는 머리가 풀렸다면서.

중학생부터 대학생, 사회 초년생까지 똑똑했던 친구들이 바보가 된 것 같다면서 종종 찾아온다. 당신이 만약 비슷한 증상으로 괴롭다면 가까운 전문가를 찾아 문제를 빨리 해결하길 바란다.

시험을 준비하느라 정신적인 압박감이 상당합니다. 스트레스를 푸는 효과적인 방법은 없을까요?

스트레스 탓에 집중하기 어려울 때 나는 밖으로 나가 무작정 걷는다. 걷다 보면 긴장이 풀어지고 불안이 잦아든다. 그날 공부한 내용이 떠오르면서 정리가 될 때도 있다. 최근에 시험을 준비하던 기간에는 거의 매일 달렸다. 1시간쯤 달리다 보면 답답한 마음이 뻥 뚫리고 잡생각으로 가득했던 머리가 싹 비워진다. 만약 움직일 기력이 부족해 걷거나 뛸 수 없다면 일단 잠을 자라. 당신은 지금 지쳐 있다. 쉬어야 한다. 유튜브 보지 말고 맛집도 찾지 마라. 영상을 보거나 달고 맵고 기름진 음식을 소화하는 데도 엄청난 에너지가 든다. 당을 보충해야 한다고? 글쎄, 먹고 나면 오히려 만사 귀찮아지지 않던가? 이런 것들은 진정한 휴식이 아니다. 만약 극한의 스트레스로 가슴이 터질 것 같다면, 콘서트장이나 야구장에 가보길 권한다. 미친 듯이 소리를 질러도 아무도 미친 사람처럼 보지 않는다 (그렇게 본들 무슨 상관인가). 하지만 공부 스트레스를 푸는 특효약은 뭐니 뭐니 해도 '그럼에도 불구하고 공부를 하는 것'이다. 공부 스트레스는 주로 공부를 안 할 때 생기니까.

PART 4

시험 앞에서 절대
흔들리지 않는다

- 끝내 합격하게 만드는
멘탈 관리

11장
시험 앞에서
겁먹지 않는다

절대 포기하지 않게 해줄 마법의 다짐

이제 당신은 시험을 잘 보는 전략과 최고의 집중력을 만드는 방법을 알게 됐다. 그렇다면 남은 것은 단 하나다. 정신 붙들고 끝까지 밀고 나가는 것, 아주 간단하지 않은가?

"아하하하." 당신의 허탈한 웃음소리가 들리는 것 같다. 나도 안다. 말이 쉽지 실제로 행하기는 어렵다는 것을 말이다. 우리 머릿속은 끊임없이 이런 생각을 내뱉기 때문이다. '아, 이번 시험 그냥 포기할까?' 이 한마디에 마음이 휘청거린다.

이번 시험을 포기하면 어떻게 될까? 일단 내일부터 푹 쉬고 놀 수 있다. 불안한 마음, 초조한 마음이 싹 가라앉는다. 생각 하나만 바꿔도 이렇게 홀가분한 걸 왜 그동안 몸 고생 마음고생을 했는지, 스스로 미련하게 느껴질 정도다. 하루라도 더 일찍 포기하지 않은 것이 후회된다. 가뜩이나 짧은 인생 하마터면 쓸데없는 공부 하느라 날릴 뻔했다. 역시 포기하는 것이 정답인 것 같다.

그런데 잠깐, '포기하는 것이 더 나은' 이 시험을 대체 당신은 왜 시작한 걸까? 무슨 이유로?

분명 당신에게는 절실한 이유가 있었을 것이다. 현재의 삶보다 더 나은 미래를 위해서 꼭 이 시험에 합격해야겠다고 결심했을 것이다. 그래서 비싼 교재를 사고 소중한 시간을 투자했을 것이다. 그런데 혹시 그 이유가 사라졌나? 자식 없는 먼 친척이 사망했는데 당신이 유산을 물려받게 됐나? 로또라도 당첨돼 굳이 노동 수입이 필요치 않게 됐나? 하루아침에 유명해져서 더는 자격증 따위로 당신의 자격을 증명할 필요가 없어졌나?

아닐 것이다. 현실은 달라진 것이 하나도 없을 것이다. 달라진 것은 오로지 당신의 마음뿐이다. 시험을 포기하고 싶어서, 지긋지긋했던 원래의 삶이 갑자기 괜찮게 느껴지게 된 것뿐이다.

이 마음이 영원히 지속된다면, 좋다. 그것도 나쁘지 않은 인생이다. 주어진 삶에 만족하며 사는 것은 대단한 행운이다. 시험을 포기했더니 이런 행운이 찾아온다면 그 자체로 됐다. 그러나 내 예상으로는 이 행복이 오래가진 않을 것 같다. 만원 전철 안에서 낯선 사람과 몸을 밀착한 채 매일 왕복 2시간을 견디는 일은 솔직히 유쾌하지 않다. 당신을 아랫사람 취급하면서 아무 말이나 막 해대는 인간을 평생 상대해야 한다면? 마냥 즐겁기 어렵다.

그러니까 이 시험은 무조건 잘 봐야 한다. 합격해야 한다. 시험을 포기하게 하는 당신의 머릿속 생각을 없애버려야 한다. 그 이유가 무엇인지 당장 찾아내야 한다. 뿌리를 뽑아버려야 한다.

대체 우리는 왜 시험을 포기하고 싶어질까? 공부하는 것이 힘들어서? 지겨워서?

그럴 수 있다. 시험을 준비하는 것은 그야말로 인고의 시간을 견뎌내야 하는 과정이다. 날마다 졸린 눈을 부릅뜨고 드러눕고 싶은 마음을 다잡아야 한다. 하루 이틀도 아니고 최소 몇 달 또는 1년을 계속해서 말이다. 버티기 쉽지 않다.

하지만 인간은 그저 힘들다는 이유만으로 포기하지는 않는다. 그렇다면 의사 절반은 전문의가 되기 전 과정, 즉 인턴과 전공의 과정을 못 마쳤을 것이다. 이들은 이틀에 한 번씩 날밤을 새워 일하는 걸 몇 년 동안 버틴다. 24시간 연속으로 일해본 적 있나? 24시간 동안 응급실에서 환자를 받으면 집에 돌아갈 때 진짜로 헛구역질이 난다. 외과 계열 인턴은 보통 월화수목금요일은 집에 못 간다. 일요일 밤에 출근해서 토요일 아침에 퇴근한다. 아침 6시부터 환자들 피를 뽑기 시작해서 밤 10시가 넘어야 일과가 겨우 끝나기 때문이다. 인턴은 그래도 사정이 나은 편이다. 외과 전공의 1년 차는 더 늦게까지, 자정이 넘어도 일한다. 우아해 보이는 정신과 전공의조차 1년 차 때는 365일 중 120일을 퇴근하지 못하고 병원에서 밤을 보낸다. 그래도 대부분 잘 버틴다. 이처럼 인간은 웬만큼 힘들어도 포기하지 않는 존재다.

한편 시험공부 좀 한다고 죽을 만큼 힘든 것은 아니다. 무슨 견디지 못할 육체노동을 하는 것도 아니고, 기껏해야 책상에 앉아서 손과 머리 좀 쓰는 일일 뿐이다. 버티겠다고 마음먹으면 신체적으로 못 해낼 이유는 없다. 우리가 공부를 포기하는 데는 다른 이유가 더 있다는 얘기다.

바로, '해도 안 될 것 같을 때' 포기한다. '내가 열심히 한다고 합격할 수 있을까?'라는 회의가 들면, 믿음이 흔들리면서 무너지는 것이다. 노력하기만 하면 되리라고 확신할 때는 힘들어도 버틸 수 있다. 대학병원 인턴, 전공의가 웬만해선 포기하지 않는 이유다. 아무리 몸과 마음이 괴로워도 언젠가 전문의가 된다는 결과를 믿기에 견딜 수 있는 것이다. 따라서 시험에 합격하려면, 중간에 포기하지 않으려면 '열심히만 하면 반드시 합격할 수 있다'라고 믿어야 한다. 자기 의심에 흔들리지 않아야 한다.

허황된 것을 억지로 믿으라는 말이 아니다. 실제로 해낼 수 있다. 지금 공부하고 있는 기출문제집을 한번 꺼내서 봐라. 이것이 당신이 도전하는 시험의 전부다. 고작 이 정도의 문제가 나왔었고, 당신은 이 정도 수준만 외우면 된다.

너무 어렵다고? 처음에는 그럴 수 있다. 당신은 천재가 아니니까. 하지만 하다 보면 곧 능숙하게 풀어낼 것이다. 출제자도 처음부터 전문가였던 것이 아니다. 당신보다 먼저 공부한 덕에 당신보다 조금 더 알 뿐이다. 어쩌면 출제자가 맨날 추리닝을 입고 골목을 왔다 갔다 하던 옆집 아저씨일 수도 있다. 당신이 왠지 얕봤던 그 아저씨 말이다. 겁먹을 것 하나도 없다.

시험에서 고득점을 받는 사람들도 처음부터 잘하는 것이 아니다. 그들도 당신과 마찬가지로 맨바닥에서, 무에서 시작한다. 막막함을 느낀다. 문제집을 앞에 두고 가슴이 답답해지는 건 그들도 똑같다. 하지만 그들은 안다. 세 번, 네 번 반복하면 결국 외워진다는 사실을. 그래서 꾹 참고 견디는 것이다. 당신도 똑같이 하면 된다. 반복만 하면 언젠가 다 알게 된다는 걸 믿고 그저 전진하면 된다.

시험을 출제하는 사람은 신이 아니다. 당신과 마찬가지인 인간이다. 설마 인간이 낸 문제를 같은 인간이 못 풀겠나? 또 누군가는 외우는데 나라고 못 외울 이유가 있나? 그래도 두려움이 사라지지 않는다면 동물원에 한번 가봐라. 우리와 공통 조상을 가졌다는 원숭이와 침팬지들을 30분만 바라보고 와라. '다른 사람과 내가 달라봤자 얼마나 다르겠냐'라는 철학적인 깨달음을 얻을 수 있을 것이다.

시험에 합격하는 건 불가능한 과제가 아니다. 열심히만 하면 당신도 해낼 수 있다. 절대 흔들리지 마라. 믿어라. 그대로 이루어질 것이다.

과거는 잊는다

"이제까지 공부를 잘해본 적이 없는데 그래도 해낼 수 있을까요?"라고 묻고 싶은가? 물론이다. 이전에 공부를 잘해본 적 없어도 이번 시험은 잘 볼 수 있다. 당신이 도전하는 시험은 이전에 당신이 어떻게 살았든 관심이 없다. 오로지 이번 시험 범위를 잘 외웠는지 아닌지만 평가한다. 물론 그간 공부를 꾸준히 해왔던 사람보다는 좀 더 고생하겠지만 결국 해낼 수 있다. 거듭 강조하지만, 시험은 보통 단순 암기일 뿐이다.

인간의 잠재력은 놀랍다. 특히 단순 암기력은 더 그렇다. 믿을 수 없다고? 나도 직접 체험해보기 전엔 몰랐다. 의과대학에 다녀보지 않았다면 평생 모르고 살았을 것이다.

다음은 의대 본과 1학년 때 배우는 고혈압 약제의 '일부'다.

- amlodipine
- spironolactone
- chlorothiazide
- amiloride
- furosemide
- atenolol
- captopril
- losartan
- verapamil

이건 대체 어떤 단어들의 조합인가? 암로디핀? 스피로노락톤? 약 이름도 만만찮지만 이것이 어떤 종류의 혈압약인지(이뇨제인지 칼슘채널길항제인지 ACE 억제제인지 등), 부작용이 무엇인지, 당뇨·심부전·신부전이 동반된 환자에게 쓰면 되는지 안 되는지까지 함께 외워야 한다.

어떤가, 외울 수 있을 것 같은가? 처음에는 다들 '이걸 암기하라니 말이 돼?'라며 절망한다. 그런데 하다 보면 다 외워진다. 해보면 안다. 인간이 못 외울 것은 없다는 것을. 오죽하면 의대생에게 "전화번호부 외워 와"라고 시키면 "언제까지요?"라고 묻는다는 농담이 있을까. 주어진 과제를 열심히 반복하면 누구나, 어떤 것이든 암기할 수 있다.

앞의 약 이름들을 암기하는 데 고등학교 때까지 공부를 잘했는지 아닌지가 얼마나 상관이 있을까? 고등학교 때까지 공부를 잘했으면 이것도 잘 외울 수 있을까? 공부를 제대로 안 해봤으면 이것도 못 외울까? 내 생각에는 별로 상관이 없을 것 같다. 전혀 다른 분야니까.

이제 당신이 준비하는 시험을 한번 살펴보자. ○○자격증 시험에 합격하는 데 당신이 이전에 공부를 어떻게 해왔는지가 얼마나 영향을 줄까? 공인중개사, 공무원 시험, 법무사, 세무사, 손해사정사…. 이 시험들이 고등학교, 대학교에서 배운 내용인가? 보통 그렇지 않을 것이다. 어쩌면 완전히 새로운 내용일 것이다. 전에 공부를 잘해왔든 아니든 새로운 경기를 시작하는 것이다. 이번 판만 잘하면 된다.

혹시 대입을 다시 준비하는 경우는 다르지 않냐고 묻고 싶은가? 맞다, 수능은 고등학교 때까지 배운 내용을 묻는 시험이니 당신이 전에 공부를 안 했다면 도저히 엄두가 나지 않을 수도 있다. 열심히 해도 판세를 뒤집는 건 불가능하다고 생각될 것이다. 그런데 그것이 절대적 진실일까?

이렇게 기적처럼 보이는 일도 인간은 해낸다. 예전에 〈생활의 달인〉이라는 TV 프로그램에서 서울대학교 경영학과에 입학한 한 청년의 이야기를 다룬 적이 있다. 수능시험 400점 만점에 390점을 받고 합격했다. 그런데 이 청년은 사실 중학교 때까지 공부를 너무 못해서 고등학교에도 진학할 수 없었다. 가고 싶어도 받아주는 고등학교가 없었다고 한다. 대체 이 친구는 어떻게 대학교에 들어갈 수 있었을까?

비결은 아버지였다. 아버지가 직접 아들을 가르친 것이다. 그런데 이 아버지의 사연이 더 놀랍다. 그는 일타 강사도 아니요, 이른바 엘리트도 아니었다. 중학교밖에 졸업하지 못하고 수십 년간 건설 현장과 주유소에서 육체노동을 해온 사람이다. 그런 분이 아들을 위해 하루 몇 시간씩 수능 공부를 시작하고 그것을 아들에게 가르쳐준 것이다. 학원 보낼 돈이 없어서 내린 어쩔 수 없는 선택이었다.

물론 그 과정이 쉽진 않았다. 그 아버지는 기초가 없어서 같은 교재를 읽고 또 읽어야 했고, 일터에서 틈만 나면 공부하느라 미친 사람 소릴 들었다고 한다. 하지만 결국 해냈다. 자신도 해내고 아들도 해냈다. 그들은 이제 더는 '대를 이은 중졸 부자'가 아니다. 중학교 졸업생과 서울대학교 경영학과 졸업생의 미래를 생각해봐라. 그들은 이전과 완전히 다른 삶을 살게 될 것이다.

당신은 왜 못 하겠는가? 당신이 이 부자보다 더 열악한 상황에 처해 있는가?

포기하지만 않으면 당신은 이 시험에 합격할 수 있다. 과거에 실패했던 경험들을 돌이켜봐라. 진정 할 수 있는 최선을 다하고도 실패했는가? 시험 날이 다가올수록 '열심히 한다고 합격할 수 있을까? 남들이 다 어렵다던데? 경쟁률이 이렇게 높은데? 나는 원래 공부를 잘하는 사람도 아닌데?'라며 겁먹고 뒤로 물러났을 것이다. '혹시 떨어지면 그동안 공부한 게 너무 억울할 것 같아'라면서 손해 보고 싶지 않다는 얄팍한 마음에 일찌감치 손을 뗐을 것이다. 오늘부터 그런 과거는 잊어라.

성공하는 사람과 아닌 사람은 결국 종이 한 장 차이다. 될 때까지 하면 성공하는 것이고, 중간에 포기하면 실패하는 것이다. 시험은 난이도가 어떻든 경쟁률이 어떻든 당신이 이전에 어떤 삶을 살았든, 이번 범위만 잘 외우면 된다. 성공과 실패가 오로지 당신의 선택에 달려 있다.

당신은 이번에 어떤 선택을 하겠는가? 앞으로 어떤 삶을 살고 싶은가?

필요한 노력을 과소평가하지 않는다

'하려고 해도 도저히 이해가 안 돼.'

'공부가 이렇게 지겨운 것인지 몰랐어.'

'이렇게 힘들 거라곤 상상도 못 했어.'

'나는 아무래도 못 해낼 것 같아. 포기야 포기.'

당신 머릿속에 들어갔다 나온 것 같은가? 이걸 어떻게 알았냐고? 어떻게 알긴, 인간은 크게 다르지 않다. 내가 수없이 했던 생각들이다.

그러나 지금은 그렇게 생각하지 않는다. '했던 생각'이라고 과거형으로 적은 것은 이 때문이다. 지금은 다음과 같이 생각한다.

'내 이럴 줄 알았지. 시험이니 당연히 어렵지.'

'공부란 게 원래 지겨운 거였지. 아무렴. 잊어버리고 있었네.'

'항상 이 정도는 힘들더라. 진짜 더는 못 하겠다 싶을 때가 돼야 끝나더라.'

'그래도 결국 해내겠지. 해내고말고.'

당신도 이처럼 생각하길 바란다. 실제로 그렇기 때문이다. 시험은 기대보다 항상 어렵고, 지겹고, 어마어마한 노력을 요구한다. 이 진실을 받아들여야 한다. 그래야 당황하지 않고 대비할 수 있다. 그래야 '혹시 나만 어려운가? 혹시 나만 지겨운가? 혹시 나만 힘든가?'라고 그릇된 생각에 빠져 포기하는 사태를 막을 수 있다.

한동안 일이 안 풀릴 때 그랜트 카돈이 쓴 《10배의 법칙》이라는 책을 읽고 무릎을 탁 친 적이 있다. 그때 나는 블로그를 1~2년 하다가 중단했고, 유튜브를 6개월쯤 찍다가 중단했고, 인스타그램을 3개월 하다가 중단한 터였다. 예상보다 품이 너무 많이 들었기 때문이다. 'SNS? 나는 해낼 수 없어'라고 결론 내렸다. 한편으로는 궁금했다. '대체 다른 사람들은 어떻게 해내는 거지? 다들 초능력자인가?' 그러다가 이 책에서 답을 찾았다. 우리가 실패하는 주된 이유는 '극복해야 하는 역경의 크기를 과소평가하기 때문'이라는 것이다. 쉽게 할 수 있을 것으로 예상하고 덤비는 바람에 조금만 어려움이 닥치면 금세 좌절하는 게 문제라는 거다. 예상보다 몇 배 어려운 것이 진실인데 말이다.

혹시 교재가 이해되지 않아 포기하고 싶은가? 그러지 마라. 원래 그렇다. 앞서도 말했듯이, 애초에 당신한테 이해하라고 쓴 책이 아니다. 나열된 문장을 외우라고 만든 책이다. 감정을 빼고 로봇처럼 암기하면 된다.

공부 잘하는 사람도 대부분 그렇다. 진짜다. 의대 본과 1학년 1학기 때쯤이면 화장실에서 우는 친구가 꽤 있다. 무슨 소린지 하나도 모르겠는데 공부할 양은 많고, 공황 상태에 빠져 눈물이 나는 것이다. 그런데 3학년쯤 되면 아무도 울지 않는다. 공부할 양이 1학년에 비해 배로 늘어나는데도 오히려 평온하다. 원래 의학 공부가 그 정도 어려운 것임을(이해한다는 게 불가능한 것임을) 잘 알게 됐기 때문이다. 겁먹지 않는다. 그리고 자연스레 기

계적으로 외우기 시작한다. 당신도 교재를 그런 마음으로 바라
보면 된다. 어려운 게 당연한 것이다. 첫눈에 알기 쉬우면 뭐하
러 시험까지 보게 만들었겠는가.

혹시 공부가 지겨워서 미칠 것 같은가? 스스로 생각할 때 게
으르고 의지가 박약한 인간이라 걱정스러운가? 걱정하지 마라.
공부를 잘 해내는 편이라고 생각하는 나조차도 시험을 준비할
때마다 미칠 것 같다. 백과사전 외우기가 즐거울 수 있을까? 한
번 읽는 것이야 새로운 사실을 알게 되는 거니까 지적 유희를 느
낄 수 있겠지만, 외우는 것은 절대 그렇지 않다. 같은 걸 세 번,
네 번 봐야 한다니. 완벽하게 외웠는지 확인까지 한 번 더 해야
한다니. 상상만 해도 속이 메슥거린다. 당신만 그런 게 아니다.

언제까지 참고 공부해야 하냐고? 얼마나 힘드냐고? 더는 참
을 수 없을 때까지 해야 원하는 결과를 얻는다. 희한하게 매번
그렇다. "와, 이제 진짜 더는 못 하겠네!" 소리가 나와야 눈이 뜨
이면서 합격할 수 있으리라는 느낌이 든다. 즉, 참을 만하다면
덜 하고 있는 것이다. 조금 더 할까 말까 고민된다면 아직 멀었
다. 시험 전날 누가 억만금을 준대도 일어나지 못할 지경이 돼
야 끝난다. 당연한 것 아닌가. 인생을 바꿀 정도의 시험이 적당
히 준비해도 되는 수준인 줄 알았나?

여기까지 읽고 겁먹은 수험생이 있을지도 모르겠다. 그러나
나는 겁을 주려는 것이 아니다. 오히려 시험은 어렵고 지겹고
힘들지만 절대 해내지 못할 만큼은 아니라는 걸 강조하고 싶었

다. 대부분의 자격증은 몇 달, 길어도 1~2년 동안 준비하면 붙을 수 있는 만큼이 범위다. 10년을 갈고닦아야 겨우 붙을 수 있는 성질의 것이 아니다.

앞서 누누이 강조했지만 초능력자만 시험에 합격하는 건 아니다. 당신도 당연히 해낼 수 있다. 다만 실제보다 시험을 과소평가하지만 마라. 예상보다 10배는 어려우리라고 각오해라. 그러면 '어? 생각보다 쉽네?'라면서 여유롭게 시험을 상대할 수 있을 것이다.

'공부는 유전자'라고 말하는 사람을 멀리한다

"공부는 머리가 결정적인가?"

잊을 만하면 어디선가 나오는 소리다. 변호사들이 유튜브에 출연해서 "솔직히 그렇다"라고 할 때도 있고, 사교육계의 거장으로 불리는 어떤 분도 "공부는 타고난 유전자가 가장 중요하다. 아니다 싶으면 포기하는 게 현명한 일"이라고 했다.

당신은 어떻게 생각하는가? 솔직히 나는 이게 왜 아직도 언급할 거리가 되는 건지 모르겠다. 너무나 당연한 얘기 아닌가? 머리 좋고 성실한 유전자를 타고났으면 당연히 공부하는 게 남들보다 수월하겠지. 금수저로 태어나면 남들보다 부자로 살기 쉽다는 말이랑 뭐가 다른가 말이다.

하지만 이 사실 때문에 공부를 포기하거나 도전할 의욕을 잃어야 할까? 나는 단연코 아니라고 말하고 싶다. 타고난 유전자를 노력으로 극복하지 못할 것 같은가? 당연히 극복할 수 있다. "부모님이 공부를 못해서 저도 못해요. 그래서 포기합니다"라는 식의 못난 꼴은 제발 보이지 마라.

혹자는 이렇게 말한다. "우리가 피겨스케이트를 아무리 열심히 타도 김연아 선수처럼 될 순 없다. 공부도 마찬가지라고 생각한다." 역시 맞는 소리다. 내가 아무리 연습해도 김연아 선수처럼 되는 날은 오지 않을 것이다. 그런데 잠깐, 김연아 선수는 70억 지구인 중에서 피겨스케이트를 가장 잘 타는 사람이다. 그것도 거의 10년간 온 지구인을 누르고 1등이었다. 이 사람은 초능력자다. 왜 이런 사람과 비교하는가?

만약 비교를 하려면 피겨 선수 중 대한민국 3,000등이랑 비교해야 한다. 대한민국 전체 3,000등도 아니고 같은 해에 태어난 사람 중 3,000등 말이다. 이 정도 수준이면 나도 해볼 만하지 않을까? 대한민국 1981년생 중 피겨스케이트 잘 타는 순서로 3,000명을 뽑는다면 밤새워 연습해서라도 어떻게든 도전해볼 만하지 않은가?

요즘 그렇게 핫하다는 의대 정원이 현재 한 해 3,000명이 넘는다. 앞으로 4,000명까지 더 늘린단다. 치대, 한의대, 약대 정원을 합하면 6,000명이 넘는다. 변호사 시험은 2022년에 1,700명이 넘게 합격했다. 여기까지만 쳐도 벌써 7,700명이 넘는다. 다른 직종을 다 고려한다면(회계사 약 1,200명 등) 공인된 전문 자격증을 따는 사람만 1년에 1만 명이 넘는다. 이른바 전문직이 되고 싶다면, 이 작은 대한민국에서 같은 해에 태어난 사람 중 1만 명 안에만 들면 된다. 이게 유전자 탓을 하면서 시작부터 포기할 과업인가? 전 세계에서 딱 한 자리, 많아야 열 자리 안에서 다투는 운동선수와 비교하는 게 논리적으로 타당한가?

한편 유전자가 결정적이라고 말하는 사람들을 보면, 일단 절대적으로 그렇다는 객관적인 결과를 대는 것도 아니다. 기껏해야 자기가 아는 친구, 친척 수준이다. "저희 집에 의사 사촌이 있는데 평소에 공부를 전혀 안 하는데도 시험을 잘 봐서 의대에 가더라고요. 그 집은 부모도 그렇고 일가친척이 다 의사예요. 그런데 제가 아는 또 다른 누구는 열심히 하는데도 결국 지방대 갔어요. 공부는 유전자예요." 아는 예가 고작 몇 명이다. 많아 봤자 수십 명 수준이다. 그렇게 치자면 부모가 의사이고 사교육 깨나 시켰는데도 자녀는 그만큼 성취하지 못한 사람을(심지어 전국 어느 대학도 못 간 사람을) 나도 수십 명 안다. 그럼 공부는 유전자와 상관없다고 주장해도 되나?

물론 유전자의 영향을 무시하는 건 아니다. 의사이자 과학자로서 유전자가 어떤 역할을 아는지 잘 안다. 유전자는 결과에 상당한 영향을 줄 것이다. 공부를 잘했던 부모의 자녀가 공부를 못했던 부모의 자녀보다 평균적으로 시험 성적이 더 좋을 것이다. 그러나 그것은 대세가 그렇다는 것이지 개인 각자에게 절대적으로 그렇다는 건 아니다. 통계적으로 성공할 확률이 90%라고 해도 탈락한 사람에게는 0%다. 통계적으로 성공할 확률이

10%라고 해도 당신이 합격하면 당신한테는 100%다. 당신은 당신만의 100% 확률을 만들면 된다.

나는 당신이 공부는 유전자라며 의욕을 확 꺾어버리는 사람들을 멀리하기를 진심으로 권한다. 그들의 저의는 대체 뭘까? "나는 머리가 좋아서 성공했거든. 나만큼 머리가 좋지 않다면 넌 시작도 하지 마"라고 잘난 체를 하는 걸까? 겁을 주려는 걸까? 아니면 "내가 열심히 해봤는데 안 됐거든. 너도 나처럼 안 될 거니까 시도도 하지 마"라며 같이 망하자는 소린가? 어느 쪽이든 당신 인생에 하등 도움이 안 되는 인간들이다.

그 사람들 말이 과연 절대적 진실일까? 시작부터 엄두도 내지 말아야 하는 일일까? 하다가 힘들면 그럴 줄 알았다며 포기해야 할까? 글쎄, 과연 그럴까?

나의 아버지는 지방의 작은 대학교를 나오셨다. 7남매 중 둘째였는데 형제 중에서 공부를 가장 잘하는 편이었다고 한다. 나의 어머니는 고등학교를 졸업하고 평생 전업주부로 사셨다. 두 분은 신혼살림을 단칸방에서 시작했다. 한 집에 여러 가구가 사는데, 오로지 방만 빌려 쓰는 형편이어서 화장실도 이웃과 함께 사용하는 식이었다고 한다. 나도 그곳에서 태어났다. 1981년 정릉의 단칸방, 방문을 열자마자 연탄아궁이가 있어서 혹시 끓는 물에 아이가 빠지면 어쩌나 걱정하던 그곳에서 말이다. 부모님이 나를 낳았을 때 내가 서울대학교 의과대학에 들어가고, 우등으로 졸업하고, 훗날 공부법 책을 쓰는 사람이 되리라고 상상이나 하셨을까?

7남매인 아버지 쪽, 6남매인 어머니 쪽, 일가친척 다 뒤져봐도 의사는 단 한 명도 없다. 내가 얼굴을 아는 친척 중에 서울대 나온 사람 역시 한 명도 없다. 그래도 나는 내가 어디든 합격할 수 있으리라고 믿었다. '내 주제에 무슨 서울대를 가겠어. 주변 사람 누구도 해낸 적이 없는데. 그냥 포기하자' 같은 생각은 단 한 번도 한 적이 없다. 그 비결이 뭐냐고?

부모님이 단 한 번도 그렇게 생각한 적이 없으셨기 때문이다. "하려고 하면 다 되지. 누군가는 해내잖아. 너라고 못 하겠니? 당연히 너도 할 수 있지" 부모님은 항상 이렇게 말씀하셨다. 그래서 나도 '어느 이름 모를 누군가'가 해내는 일이면 나 역시 할 수 있으리라고 생각했다. 나의 미래에 한계를 두지 않았다. 그리고 결국 그렇게 됐다.

이것이 나에게만 특별히 벌어진 기적일까? 그렇지 않다. 해낼 수 있다는 믿음은 누구에게나 기적을 일으킨다. '피그말리온 효과Pygmalion effect'라는 말을 들어봤는가? 긍정적인 기대나 관심이 진짜로 좋은 결과를 가져오는 효과를 말한다. 1968년 하버드대학교 로버트 로젠탈Robert Rosenthal 교수가 미국 초등학생을 대상으로 실험을 통해 이를 증명했다. 그는 교사에게 무작위로 뽑은 학생들 명단을 건네며, '학업적 잠재력이 매우 탁월한 아이들'이라고 거짓 정보를 줬다. 8개월 후 평가해본 결과, 그 아이들의 성적이 명단에 포함되지 않은 아이들보다 월등히 높았다.

교사의 믿음만으로 실제 아이들의 성적이 달라진 것이다.

합격을 하려면 어떤 생각을 하는 게 당신에게 도움이 되겠는가? 쿨하게 '공부는 유전자야'라면서 포기할 것인가? 아니면 '유전자? 그게 뭔데? 어쨌든 나는 해낼 수 있어'라고 생각할 것인가? 오늘부터 그저 믿어라. 내 잠재력을 믿어주는 사람만 곁에 둬라. 당신은 당신이 믿는 대로 된다.

달콤한 합리화를 이겨내게 해줄 정신 무장법

인생의 즐거움을 포기하면서 공부해야 할까?

시험공부를 하다 보면 온갖 유혹에 시달린다. '이 시간에 다른 걸 하는 게 낫지 않나? 내가 잘못된 선택을 한 건 아닐까? 시간만 낭비하는 건 아닐까? 인생은 한 번뿐인데, 못 즐기고 가면 얼마나 억울할까? 죽기 전에 후회하면 어떡하지?' 시험을 포기하고 인생의 즐거움을 선택해야 하나 마음이 왔다 갔다 한다.

여기서 말하는 즐거움이란 게임이나 영화나 여행 따위로 얻는 걸 말하는 게 아니다. 이런 것들은 치명적으로 유혹적이라 당신을 흔들리게 하는 게 당연하지만, 사실 고민할 가치가 없다. 시험 끝나고 실컷 하면 된다. 무조건 뒤로 미루는 게 100% 맞다. 답이 정해진 문제다. 1년짜리 시험을 준비했다면 그 후로 한 달 동안은 아무도 건드리지 않을 것이다. 밤새 게임 하고 영화 봐라. 여행을 떠나 까맣게 타서 돌아와라. 지겨울 만큼 즐겨라. 대신 지금은 공부에 집중해라.

혹시 그런 날이 안 오면 어쩌냐고? 공부하다가 죽으면 얼마나 억울하겠냐고? 걱정하지 마라. 임상 경험 10여 년에 보험회사에서 5년 이상 사람이 어떻게 죽는지 봐왔던 사람으로서 장담하건대, 당신은 내년에도 분명히 살아 있을 것이다. 당신은 젊고, 건강하다. 1년 안에 죽을 확률은 매우, 매우 희박하다. 당신도 이미 알고 있을 것이다. 그러니 걱정하지 말고 공부해라.

다만 '사랑하는 사람들과 시간을 보낼 것이냐 또는 시험공부에 매진할 것이냐'는 문제가 조금 다르다. 이 부분에서는 정말 '인생은 한 번뿐'이라는 걸 따져봐야 한다. 사랑하는 사람들과 보내는 시간은 마냥 미루기 어렵다. 계속 "다음에, 다음에"만 외치면 서로 오랜 시간 불행해질 수 있다.

당신이 시험을 준비하는 동안에는 연인, 배우자, 아이, 부모에게 아무래도 소홀해지기 마련이다. 일단 함께할 시간이 줄어든다. 겨우 시간을 내도 감정적으로 집중하기 어렵다. 시험공부에 정신이 팔려 있거나 초조한 마음을 들키기 일쑤다. 당신은 당신대로 속상하고 그들은 그들대로 불만족스럽다. 이런 이유로 다투거나 마음이 멀어질 수도 있고, 어쩌면 헤어지게 될 수도 있다. 제대로 챙기지 못한 채 부모님이 병환으로 돌아가시기도 하고, 아이들이 훌쩍 자라기도 한다.

'원래도 그럭저럭 잘 살았는데, 1년을 불행하게 보내면서까지 이 공부를 해야 할까? 이 시간에 사랑하는 사람들과 함께해야 하는 것 아닌가? 성공한 사람들이 모두 이걸 후회하던데. 나도 그러면 어쩌지?'

여기서 더 나아가 시험이 끝난다고 해도 시간이 생길 리 없다는 사실을 깨닫는다. 시험에 붙으면 그 후는? 자격증을 따면 그와 관련된 새로운 일을 시작하게 된다. 더 바빠질 게 분명하다. 그러면 모두 더 불행해지는 것 아닌가? 이 시험을 보는 것이 과연 옳은 일일까? 시험을 포기하고 다시 이전 생활로 돌아가려는 마음이 확 올라온다. 분명 더 행복해지려고 시작한 일인데 어떻게 된 거지? 앞으로 나아가야 할지 말아야 할지, 진퇴양난이다.

이럴 때는 대체 어떻게 하면 좋을까?

나는 앞으로 나아가길 권한다. 답은 이미 나와 있다. 당신은 이 시험 준비를 '분명 더 행복해지려고' 시작했다. 지금 현재가 부족하든 미래가 답답하든, 삶의 위기를 느꼈기 때문에 이 시험을 보기로 마음먹었다. 이대로 살면 곧 불행해질 것 같다는 판단을 한 것이다. 지금은 괜찮지만 이대로 살면 점점 생활이 쪼들리게 될 것이고, 계속해서 장시간 일을 해야 할 것이고, 몸이 아프기라도 하면 큰일이 날 것이고, 가족과 풍족한 생활을 누리지 못할 것이고….

당신이 이 시험을 보기로 한 가장 큰 이유는, 사랑하는 사람들과 더 오래 더 좋은 시간을 보내기 위해서였다. 즉, 당신은 '1년을 희생해서 20~30년 동안의 행복을 얻기 위해' 이 공부를 시작한 것이다. 이 사실을 깨달으면 더는 고민할 필요가 없어진다. 성공과 사랑하는 사람들과의 시간 중 하나를 포기해야 하는 것이 아니다. 둘은 같은 과제다. 무조건 성공해야 한다. 짧은 시간 일해도 넉넉하게 버는 직업을 가져야 한다. 그래야 사랑하는 이들과 풍족한 삶을 누릴 수 있고, 함께 오랜 시간을 보낼 수 있다.

평생 폐지를 주우면서 살았던 누군가의 이야기를 종종 기사에서 볼 때가 있다. 70세가 넘도록 새벽부터 밤늦게까지 평생 일하는 동안, 그의 삶은 어땠겠는가. 가족과 함께 보낸 시간이 얼마나 되겠는가. 기회가 있을 때 몇 달 허리띠를 졸라 자격증을 따고 시급을 올리고 그다음 단계, 또 그다음 단계 식으로 성장했다면 그의 인생은 어떻게 달라졌을까? 우리는 답을 알고 있다. 그러니까 당신은 지금 뒤로 물러나선 안 된다. 두 눈 질끈 감고 이번 시험에 전념해라.

이제 고민이 좀 해결됐는가? 물론 그럼에도 당장의 괴로움이 사라지지는 않을 것이다. 연인, 배우자, 아이들의 원성을 마냥 무시할 수는 없다. 또 우리의 현재도 소중하다. 시험 준비하느라 청춘을 불행하게 보내긴 너무나 아깝다. 이럴 때는 공부를 하면서 같이 시간을 보낼 방법을 어떻게든 찾아라. 이를테면 도서관에 함께 가라. 대화도 못 나누고 각자 할 일만 하더라도 얼굴조차 못 보는 것보다는 낫다. 사실 옆에 있기만 해도 충분할 수 있다. 도서관 데이트만으로 결혼까지 간 사람도 있다.

그리고 되도록 혼자 놀지 말고 함께해라. 휴대전화로 혼자서 유튜브 보지 말고 큰 화면으로 함께 영화 보는 쪽을 택해라. 이왕 하는 운동, 같이 뛰는 방법도 있다. 여유가 없다고? 시험 한 달도 안 남은 게 아니라면 너무 빡빡하게 굴지 않아도 된다. 하루 이틀 시간 좀 쓴다고 당락에 영향이 가지 않는다. 그때 공부한 건 어차피 대부분 잊어버린다. 마지막 한 달 바싹 달리는 게 더 중요하다. 몇 달 전이라면 조금 여유를 부려도 괜찮다.

이렇게 해도 뭔가 부족한 느낌이 들거나 도저히 물리적으로 만날 수 없다면 전화기를 활용해라. 자투리 시간을 여기에 써라. 멍하니 SNS 볼 시간에 전화해라. 지하철에서, 엘리베이터 앞에서, 화장실에서, 기다리는 동안 문자 보내라. 나와 별 상관없는 연예인 소식에 시간 낭비하지 마라. 딱 세 가지 말만 하면 된다. 고맙다, 사랑한다, 보고 싶다. 이 세 마디로 우리는 단숨에 행복해진다. 고된 시간을 버틸 힘을 얻는다. 말 한마디로 천 냥 빚을 갚는다는 속담은 허풍이 아니다.

이 시험은 당신만을 위해서 보는 것이 아니다. 당신을 사랑하고 당신이 사랑하는, 앞으로 사랑할 모든 이들을 위해서 준비하는 것이다. 그러니까 이번에 반드시 성공해라. 물러서지 마라. 하루빨리 풍요로운 나날을 누리기 바란다.

공부 안 하고도 부자 된 사람 많던데?

어쩌면 당신은 다른 마음 때문에 고민하고 있을지도 모른다.

'현재보다 더 나은 삶을 위해서 시험공부를 하는 것은 좋다. 그런데 혹시 더 좋은 길이 있는 게 아닐까? 티끌 모아 티끌인데 자격증 하나 딴다고 부자가 되겠나? 이 시간에 차라리 주식 투자를 하고 부동산 공부를 하는 게 낫지 않을까? 사업 기회를 찾는 게 낫지 않을까? 주변에 보니까 코인 한 방으로 인생 역전도 하던데.'

맞다. 요즘 공부로 부자 되는 세상이 아니다. 전문직이 되어도 노동 수입만으로는 부자 되기 어렵다. 주식이나 부동산 같은 자산이 오르는 속도가 너무 빠르기 때문이다. 월급 받아 모아서는 그 속도를 따라잡을 수가 없다. 한 달에 몇백만 원씩 죽어라 모아도 1년에 얼마나 되겠나? 1억을 모으려면 몇 년을 고생해야 하나? 그런데 집값은 일주일에 몇천만 원이 우습다. 한 달에 억 단위로 오를 때도 있다. 아파트도 이럴진대, 대체 건물을 사고파는 이들은 어떤 사람들일까? 28억짜리 건물이 20년 만에 450억이 됐다고? 역시 왕후장상의 씨는 따로 있는 건가? 우리가 평생 꿈이라도 꿔볼 수 있을까?

자격증 없어도 부자가 될 수 있다. 사업이 대박 나서, 주식에 잘 투자해서, 부동산 사는 타이밍을 기가 막히게 잡아서 벼락부자가 됐다는 사람들을 뉴스에서 수시로 만날 수 있다. 무자본 투자 4년 만에 20억 자산가가 됐다고? 5년 만에 100억대 부동산을 보유하게 됐다고? 이런 소식들이 들릴 때마다 '대체 뭐하러 이 시험을 보겠다고 결심한 걸까? 지금이라도 그만둘까?' 진지하게 고민하게 된다.

그러게. 당신은 뭐하러 이 시험을 보겠다고 한 걸까? 혹시 부자가 되는 다른 길이 있다는 걸 그때는 몰랐나? 자격증만 따면 부자가 된다는 환상에 빠졌었나? 아마 아닐 것이다. 이미 다 알고 있었을 것이다. 부자가 되는 지름길이 분명히 있고, 시험은 그 길이 아니라는 것을 알면서도 선택했을 것이다.

그렇다면 왜 굳이 힘들고 큰돈도 못 버는 이 길을 선택했을까?

이 길로 가는 것이 성공 확률이 더 높다고 판단했기 때문이다. 인간은 손해 보는 일은 하지 않는다. 위험과 이득, 들어가는 노력을 따져봤을 때 결국 이익이 되리라고 생각했기에 당신은 이 시험공부를 시작한 것이다.

당신의 판단이 옳다. 합리적이다. 나도 당신처럼 생각한다. 그러니까 다른 데 눈 돌리지 말고 지금 가는 길에 집중해라.

밑바닥에서 출발해 인생 역전했다는 사람들은 정말 희귀한 경우다. 그러니까 기사에 나오는 것이다. 놀랍지 않은 이야기를 누가 읽겠나? '변호사 시험에 합격한 후 유명 로펌에 들어가 한 달에 ○○씩 벌게 된 변호사' 같은 기사를 본 적이 있나? 만약 있다고 해도 재미가 없을 것이다. 누구나 예상할 수 있는 이야기이기 때문이다. 자격증을 따면 그 정도 삶을 기대할 수 있다. 당신이 특별히 운이 좋지 않아도, 남보다 발 빠르게 움직이지 않아도, 그저 대세에서 벗어나지 않으면 괜찮은 삶을 누릴 수 있다. 그래서 당신이 애초에 이 시험을 선택한 것이다.

혹시 지금이라도 시험을 포기하고 투자 시장에 뛰어들면 곧 벼락부자가 될 것 같은가? 가능성이 클 것 같은가? 그럼 뛰어들어라. 뭐하러 1년씩 시간을 낭비하고 있나? 이왕 부자가 된다면 젊을 때부터 부자가 되는 것이 좋지 않겠는가. 자산은 복리로 불어나니까 하루라도 빨리 뛰어드는 것이 진리다.

그런데 잠깐, 그 일에서 성공할 수밖에 없는 무기를 혹시 갖추고 있는가? 미래를 남들보다 더 잘 예측하는가? 투자한 물건의 가격이 오를지 내릴지, 그 타이밍이 언제일지 맞힐 수 있는 신기가 있는가? 투자 안목이 남들보다 월등히 뛰어난가? 다른 사람들은 전혀 모르는 숨은 진주를 발굴할 능력이 있는가? 이 물음에 '그렇다'라는 답을 할 수 없다면, 성공할 확률은 매우 낮다. 미련 없이 자리로 돌아가라. 공부해라.

한편 기사에서 전하지 않는 진실이 하나 있는데, 사업은 말할 것도 없고 주식이나 부동산으로 부자가 되려면 정말 열심히 공부하고 일해야 한다. 번득이는 아이디어 하나를 떠올린 덕분에 벼락부자가 된 것이 아니다. 벼락부자라는 말도 맞지 않는다. 지난한 과정을 버티며 한푼 두푼 쌓아 올린 결과다.

부동산 투자에 성공하려면 새벽에 일어나 종일 공부하고 투자할 물건을 꼼꼼히 살펴봐야 한다. 이게 쉬울 것 같은가? 주식 투자자라면 회사의 재무상태를 분석하는 것은 기본이고 해당 회사가 속한 산업이 성장성은 있는지, 업계의 다른 회사들은 어떤지 일일이 비교해야 한다. 기업의 가치가 과대평가됐는지 아닌지 파악해야 한다. 쉼 없이 나오는 실적보고서를 다 읽어야 한다. 그렇게 해도 정보를 얻기 어려운 경우, 투자하려는 회사에 전화를 하거나 직접 방문하기도 한다. 그런데 세상에 기업이 몇 개인가? 우리나라만 해도 주식 시장에 상장된 기업이 2,500개가 넘는다(2023년 기준). 요즘엔 미국 주식 투자도 기본 아닌가? 그럼 대체 몇 개의 기업을 공부해야 하나? 한 곳을 1시간으로 잡고 날마다 10시간씩 공부하면 따라잡을 수 있을까? 그럼 1년이면 어떻게든 되려나? 그런데 한 기업을 1시간 만에 속속들이 파악할 수 있을까?

부동산은 쉬울까? 부동산 포털 아무 곳이나 한번 들어가 봐라. 대체 어디서부터 공부를 시작해야 할지 감도 잡기 어려울 정도다. 이 시장에도 물건이 정말 많다. 기본 단위가 '만'이다. 2023년 2월 기준 네이버 부동산에서 '서울시 강남구' 지역을 검색했더니 아파트/오피스텔 매매 건만 8,974건이었다. 전세와 월세는 각 1만 8,000건, 1만 2,000건 정도였다. 이뿐인가. 이 분야 역시 물건별 월세, 전세, 매매 가격이 다 공개돼 있는데도 이 가격이 과연 싼지 비싼지 판단할 수 없다. 부동산이야말로 직접 가서 보기 전에는 상태가 어떤지 알 수 없기 때문이다. 지역에 직접 찾아가 살펴보는 것을 '임장'이라고 하는데, 하루에 몇 집이나 둘러볼 수 있을까? 하루 만에 투자 여부를 결정할 수 있을까? 시세는 오늘 다르고 내일 다른데, 지금 당장 계약할 수 있을까? 가격 흥정을 잘 해낼 수 있을까?

주식이든 부동산이든 투자를 제대로 하려면 굉장한 품이 든다. 이걸 왜 불로소득不勞所得(일하지 않고 버는 소득)이라고 부르는지 모르겠다. 그 때문에 많은 수험생이 '아, 공부하기 싫다. 나도 놀면서 돈 벌고 싶다'라고 환상에 빠지는데, 결코 그렇지 않다. 공부하는 게 더 쉽다. 시험 하나 준비하는 데 얼마나 걸리나? 몇 달, 길어야 1~2년이다. 이 기간만 바싹 집중하면 연봉이 몇 단계 업그레이드된다. 이 정도면 훌륭한 투자처다. 열심히만 한다면 실패할 위험도 없다. 다시 한번 강조하건대, 당신의 선택은 옳았다.

'로 리스크, 로 리턴low risk, low return'이라고, 우리는 노동 수입을 얕보는 경향이 있다. 그러나 노동 수입은, 그 자체로 큰돈은 아닐지 몰라도 부자가 되는 데 꼭 필요하다. 돈이 있어야 투자든 무엇이든 할 수 있을 것 아닌가. 종잣돈은 어떻게 만드나? 결국 노동 수입으로 모아야 한다. 종잣돈이 클수록 수익의 절대 액수도 크다. 한편 수입이 좋아야 은행에서 대출도 많이 해준다. 연예인들이 수십억 건물을 몇억 안 들이고 살 수 있는 이유는 그들의 노동 수입이 높기 때문이다. 당신이 전문직이 되면 훗날 투자를 하더라도 훨씬 수월하게 할 수 있다. 자신의 가치를 높이는 것은 결코 가성비 떨어지는 길이 아니다.

그리고 마지막으로, 세상에서 공부가 가장 쉽다. 공부만큼 자기 맘대로 되는 것이 또 있을까? 거의 유일하다고 봐도 된다. 사회에 나와보면 자기 맘대로 되는 일보다 안 되는 일이 훨씬 많다는 걸 금세 알게 될 것이다. 열 가지를 시도했는데 한 가지가 성공하면 운이 좋다고 느낄 정도다. 자신이 아무리 열심히 해도 상대방이 싫다고 하면 어쩔 수 없는 것이다. 유튜브 채널을 열고 아무리 영상을 올려도 누가 보지를 않는다. 심혈을 기울여 식당을 차렸는데 코로나 사태가 터진다. 주식 시장에 호기롭게 들어갔는데 러시아가 전쟁을 일으킨다. 코인을 샀는데 거래소 대표가 사기를 치고 도망을 간다. 영혼까지 끌어모아 집을 샀는데 부동산 불황기가 닥친다. 당신이 아무리 열심히 해도 안 되는 일이 생긴다.

그런데 시험은 어떤가. 당신만 잘하면 된다. 당신이 다 외워버리면 무조건 성공이다. 시험공부 하기가 어디 쉽냐고? 맞다. 하지만 여기서도 성공하지 못했는데 다른 분야에서는 어떻게 성공을 장담하나. 남의 마음까지 어떻게 만족시킬 수 있을까? 어떻게 세상이 당신에게 돈을 지불하게 할 수 있을까? 이런 일들은 당신이 홀로 시험 100점 받는 것보다 훨씬, 훨씬 더 어렵다. 공부가 가장 쉽다는 말은 거짓이 아니다.

그래도 왠지 다른 분야에서 성공할 것 같은 예감이 드는가? 좋다. 그래도 일단 이번 시험부터 붙어라. 당신의 능력을 자신에게 증명해라. 그럼 다른 일도 자신 있게 도전할 수 있을 것이다. 그러니까 빨리 자리로 돌아가서 합격부터 하고 와라.

요즘 같은 자격증 포화 시대에 무슨 쓸모가 있겠어?

어쩌면 당신은 이미 지혜로운 사람일지도 모른다. 요즘은 어느 분야나 쉽지 않다는 걸 이미 깨달았을 테니 말이다. 그 때문에 또 공부 의욕을 잃을 수 있다. '이 자격증 따서 결국 어쩔 건데? 요즘은 어딜 가나 포화 상태라 자격증 있어도 먹고살기 힘들다던데.'

맞다. 요즘은 선망의 직업으로 불리는 의사가 된다고 해도 환상적인 삶은 펼쳐지지 않는다. 명예는 물론이거니와 경제적인 면에서도 그렇다. 여전히 상대적으로 높은 수입을 올리는 것은 맞지만, 의사만 되면 저절로 열쇠가 3개가 되고 강남에 집이 생기는 일 같은 건 일어나지 않는다. 20년 전이나 지금이나 의사 월급은 비슷하고 그사이 화폐 가치는 엄청나게 하락했기 때문이다. 강남권 아파트 30평을 기준으로, 1993년에 2억 원 갓 웃돌던 아파트가 2020년에는 21억 원으로 올랐다(강남·서초·송파·강동 14개 단지를 대상으로 매해 1월 아파트 시세 자료 분석. 경실련). 월급쟁이 의사로서는 엄두도 못 낼 가격이다. 앞으로는 더 힘들어질 것이다. 매년 의사가 수천 명씩 늘어날 예정이기 때문이다. 가격은 수요와 공급으로 결정된다. 물량 앞에 장사 없다. 의사가 늘어날수록 의사 월급은 내려가면 내려갔지 올라가는 일은 없을 것이다.

개원한 의사라면 조금 얘기가 다를 수 있지만, 그들은 사업가니까 그만큼 리스크가 크다. 망할 확률도 꽤 된다. 최근 3년간

병·의원 현황에 따르면, 대략 2,000개의 의원이 새로 생겼고 그 절반인 1,000개가 폐업했다. 살아남는다고 해도 결코 편안한 삶을 누릴 수 없다. 야간 진료, 주말 진료 등 더 장시간 일한다. 경쟁이 치열하기 때문이다. 한 아파트 상가에 치과 5개, 소아청소년과 의원만 4개인 곳도 있다. 무엇보다 사업은 아무나 하는 것이 아니다. 공부하는 것과는 아예 다른 영역의 기술이 요구된다. 성공한 소수의 의사를 보고 '의사가 되면 저절로 잘살 것'이라고 넘겨짚으면 안 된다. 그 사람들은 의사가 아닌 다른 일을 해도 성공할 사람들이다. 나머지 대다수 의사는 정해진 월급 이상 벌지 못한다. 하락한 화폐 가치 때문에 이것만으로는 이른바 부자가 되기 어려울뿐더러 갈수록 더 힘들어질 것이다.

의사가 이럴진대 다른 분야는 어떻겠나. 변호사, 치과 의사, 한의사, 약사 등 유명하다고 손꼽을 수 있는 직종은 다 비슷하다. 당신이 준비하고 있는 바로 그 직업도 마찬가지일 것이다. '그렇다면 ○○가 된들 뭐하나. 죽어라 공부해도 달라지는 게 있을까?' 회의가 들 것이다.

충분히 이해한다. 나도 그런 생각 때문에 의욕이 확 꺾인 적이 있다. 다만 나는 이미 전문의까지 된 후에 깨달아서, 의사 아닌 다른 길을 찾아볼 기회가 없었다. 대신 글을 썼다. 가칭 '의대 가지 마라'라는 제목 아래 A4 용지로 120페이지 분량이나 썼다. 의사가 되면 얼마나 별 볼 일 없는 삶을 살게 되는지 알려주마, 이걸 위해 10여 년 동안 노력하는 바보 같은 짓은 하지 마라 등

등의 내용을 온갖 객관적인 통계와 함께 논리적으로 풀어냈다. 그리고 출판사 스무 군데에 보냈다.

어떻게 됐을까? 다 떨어졌다. 그때 나는 탈락한 이유를 이렇게 생각했다. '내 글솜씨가 부족해서 제대로 전달되지 않았나 보다. 의사가 된다고 해도 별 볼 일 없다는 걸 이해시키지 못했네. 출판사 관계자를 설득하지 못했구나.' 그래서 1년 반 동안 원고를 고치고 또 고쳤다. 논리는 더욱 정교해졌으며, 분량은 그사이 141페이지까지 늘었다. 의사가 되기 위한 노력 따위를 하지 말아야 할 이유는 차고 넘쳤다. 이제 나의 원고는 100% 완벽해 보였다. 자신 있게 출판사에 투고했다.

그리고 어떻게 됐을까? 또 떨어졌다. 원고를 보낸 모든 출판사로부터 거절 메일을 받았다. 보통 '우리 회사와는 출간 방향이 맞지 않아…'로 시작하는 '복붙' 메시지였는데, 한 군데에서 인상적인 피드백을 받았다. "의사의 현실이 이 정도라는 것은 사실 이미 다 알고 있습니다. 독자들도 알고 있을 거예요. 그렇다면 앞으로 어떻게 하면 좋을지, 이 부분에 대한 내용이 필요합니다. 혹시 책 절반 분량 정도를 여기에 할애해서 다시 원고를 보내주신다면 재검토하겠습니다."

결국 '의대 가지 마라'라는 책은 세상에 나오지 못했다. '그래서 앞으로 어떻게 해야 하는지'에 대해 단 한 문장도 생각해낼 수 없었기 때문이다. '방법이 없다고. 의사가 되어도 말이야. 그러니까 의사가 되려고 들이는 돈이나 시간은 다 헛된 것이라고.

차라리 그 노력을 다른 분야 찾는 데 써. 그럼 가성비 있게 좀 더 쉽게 성공할 수 있을지도 몰라. 이제 공부가 밥 먹여주는 세상은 끝났어!'

10년 가까운 세월이 흐른 지금, 내 생각은 바뀌었다. 그 원고가 책으로 나오지 않은 게 얼마나 다행인지 가슴을 쓸어내릴 정도다. 당시 내 원고를 검토한 출판사 편집자분들이 현명했던 덕이다. 과거에 나는 스스로 똑똑한 줄 알았으나 참으로 어리석었고, 세상 물정을 몰랐다. 지금의 나는 자격증 하나하나가 얼마나 소중한지 잘 안다.

그때나 지금이나 '자격증이 밥 먹여주지 않는다'라는 생각엔 변함이 없다. 자격증이 있어도 여전히 쉽지 않은 세상이다. 그런데 이마저도 없으면 얼마나 더 힘들겠나. 자격증이 없으면 매번 당신의 자격을 증명해야 한다. 당신이 얼마나 실력이 뛰어나고 잘 해낼 수 있는지 긴 시간 설득하고 보여줘야 한다. 하지만 그러기가 쉬울까? 당신이 아무리 법에 대해 잘 안다고 해도 변호사 면허증이 없으면 누구도 믿어주지 않을 것이다. 변호사가 세상에 널려 있는데 굳이 당신을 택할 이유가 있을까?

요즘에는 스펙이 중요하지 않고 능력 중심이라고? 글쎄, 어떤 일을 눈이 휘둥그레질 정도로 남보다 잘할 자신이 있는가? 그렇다고 한들, 상대방이 당신의 숨은 능력을 발견할 수 있을까? 생각보다 사람들은 타인에게 관심이 없다. 절대 오래 고민하고 싶어 하지 않는다. '○○학교 졸업, ○○ 과정 수료, ○○ 자격증 보유.' 이 짧은 한 줄이면 파악할 수 있는 걸 누가 굳이 장기간 관찰하고 판단하는 방법을 택하겠는가. 당신이 시간만 주어진다면 결국 '능력 있는 사람'이라는 평을 들을 만큼 뛰어날지라도, 보통은 능력을 보여줄 기회조차 얻기 어려울 것이다.

어느 대입 학원 강사가 서울대 졸업생이 되면 좋은 점을 딱 한 문장으로 정리했다. "자신이 똑똑하고 성실하다는 것을 구구절절 설명할 필요가 없다는 것." 옷을 좀 허름하게 입어도 그의 말을 진지하게 들어주고, 말을 유창하게 하지 않아도 취업을 시켜준다는 것이다. 심지어 실수를 해도 '사람이 가끔 그럴 수 있지'라며 자애롭게 넘어간다고 했다. 만약 다른 조건의 사람이 똑같은 실수를 했다면 '역시 그럴 줄 알았어'라며 탈락시켰을 수도 있는데 말이다. 실제로 이런 일이 벌어지고 있기에 강사의 말을 인정할 수밖에 없었다.

당신이 어떤 자격을 획득하는 것은 환상적인 삶을 '보장받기' 위해서가 아니다. 그저 환상적인 삶으로 가는 문을 '열기' 위해서다. 예전엔 문을 여는 것과 동시에 결과까지도 보장받았지만, 세상이 바뀌었다. 40년 전만 해도 대학 졸업장이 없어도 취업하는 데 아무 문제가 없지 않았나. 그럼 그 운 좋았던 시절을 부러워만 하며 대학교에 안 갈 것인가? 타임머신이라도 타고 돌아갈까? 답이 정해져 있는 문제다.

'고생해서 시험 합격해도 성공할 확률이 낮다고? 그럼 안 해'라는 바보 같은 생각에 빠지지 마라. 그 자격조차 없으면 성공할 확률이 0%라는 걸 절대 잊지 마라. 현재의 당신은 획득한 자격을 기본으로 한 단계 한 단계 헤쳐나가야만 한다. 시험에 합격하는 것이 끝이 아니라 진정 새로운 시작인 시대다. 어쩌면 다소 억울할지도 모르겠다. '20년만 일찍 태어났어도 세상 살기 쉬웠을 텐데!' 그러나 하루빨리 현실을 받아들일수록 당신 인생에 이득이다.

합격한다고 인생이 달라질까?

공부 아닌 길도 쉽지 않다, 시험에 합격해도 끝이 아니다 등 마음이 무거워질 얘기만 한 것 같아 조금 미안하다. 하지만 어쩌겠나, 이것이 현실인데. "이번 시험에 목숨 걸지 않아도 돼. 너의 꿈을 찾아봐! 분명히 성공할 수 있을 거야!" 나는 이런 식의 근거 없는 희망을 불어넣고 싶지 않다(말이 나온 김에 얘기하자면, 제발 이런 말을 하는 사람에게 혹하지 마라. 자기 앞날도 자신할 수 없을 텐데 남의 미래를 어떻게 장담한단 말인가). 나는 당신이 쉽게 시험을 포기하도록 도와줄 생각이 없다. 당장 마음은 편해지겠지만 당신의 인생에 하등 도움이 안 되기 때문이다.

그렇다고 "합격하면 고생 끝! 행복 시작! 그러니까 끝까지 달리기만 하면 돼"라며 당신의 눈을 가리고 싶지도 않다. 거짓은 어차피 들통난다. 시험 직전에 당신이 현실을 깨닫고 혼란에 빠지느니, 미리 알고 끝까지 흔들리지 않는 편이 더 낫다고 생각한다. 매도 먼저 맞는 게 낫다고 하니까.

그러나 어두운 소식만 있는 것은 아니다. 전문의가 되고 난 후 '의대 가지 마라'라는 원고를 썼던, 수년간 냉소에 빠졌던 나는 현재 매일 감사하며 행복하게 살고 있다. 이제까지 평생 공부와 일만 하고 살았는데도 그렇다. 시험을 하나 통과하면 새로운 문이 열리고, 그 길을 가다가 또 다른 길이 열리고, 획득한 자격을 발판 삼아 다음 단계로 올라가고, 오래전 뿌려뒀던 씨가 조용히 싹을 틔우고…. 하루하루 켜켜이 쌓여 지금의 풍요로운 삶으로 이어졌다.

처음에는 물론 사는 게 쉽지 않았다. 서울대병원이라는 든든한 배경을 벗어나 바깥 사회로 처음 나왔을 땐 매우 당황했다. 솔직하게 고백하자면, 서울대학교 의과대학을 졸업하고 서울대병원에서 전문의가 되면 여기저기서 모셔 갈 거라고 상상했다. 부끄럽지만 그땐 정말 그렇게 생각했다. 그러나 세상은 나라는 사람이 존재한다는 사실조차 모르고, 굳이 알려고 하지도 않는다는 걸 곧 깨달았다.

일자리는 부족했고 막상 갈 수 있는 곳이 거의 없었다. 그나마 가까운 곳이 편도 2시간 가까이 걸리는 정신병원이었다. 한숨이 절로 나왔다. 그래도 어쩌겠나, 일을 안 하면 생활을 할 수가 없는데. 버스를 세 번씩 갈아타고 병원을 찾아갔다. 원장님이 나를 보자마자 1분 만에 합격을 선언했다. 당장 근로계약서에 서명하자고 서둘렀다. '이렇게 나를 알아봐 주다니!' 들뜬 마음에 시원스럽게 서명을 했다. 3일 후부터 근무를 시작하라기에 인계를 받으러 전임자를 만났다. 그 자리에서 놀라운 얘기를 들었다. 전임자는 자기는 떠날 예정이라면서(원래 구인 공고에는 전임자와 내가 함께 일하는 조건이었다), "계약서는 제대로 읽어봤어요? 대학병원 밖에서 일하는 건 처음이죠? 순진한 사람은 이런 곳에 도전하지 않는 것이 좋아요"라는 조언을 해줬다. 그 얘기를 듣고 근로계약서를 다시 읽어보니 찜찜한 문구가 상당히 있었다. 전임자는 그것이 결국 다 문제가 될 거라고 했다. 나는 순진했고, 도전할 엄두가 나지 않았다. 무엇보다 전임자 없이 나혼자 어떻게 맨땅에서 시작한단 말인가? 무거운 마음을 안고 면접장으로 돌아갔다. 죄송하지만 근무하기 어려울 것 같다고 말씀드렸다. 15분 전까지만 해도 그렇게 나를 애정하는 것 같던 원장님은 면전에서 근로계약서를 박박 찢더니 휴지통에 던져버렸다.

그다음 지원한 병원에서는 무사히 근무까지 시작할 수 있었다. 동료들도 친절하고 안정된 분위기였다. 왕복 4시간이 걸리는 곳이었지만 평생 다녀도 괜찮을 것 같았다. 그런데 월급이 안 나왔다. 첫 달부터 안 나왔다. 앞으로 줄 수 있을지 장담도 못한다고 했다. 이사장님은 병원이 있어야 직원도 있는 게 아니냐며, 병원이 내게 무엇을 해줄 수 있는지 생각하지 말고 병원에 내가 무엇을 해줄 수 있는지 생각하라고 했다. 그게 병원이 살고 결국 내가 사는 길이라나. 완벽한 논리에 하마터면 설득당할 뻔했다. 그런데 마음속 목소리가 도망치라고 소리쳤다. 바로 나왔다. 밀린 월급은 그 후 보름 동안 애원하여 겨우 받았다.

세 번째 병원에서 겨우 정착했다. 그곳에서 2년을 근무했다. 나는 거기서 세상의 밑바닥을 봤다. 부인을 때려죽여 청송 교도소에서 복역했다는 사실을 자랑스레 떠벌리는 사람이 드나드는 곳이었다. 좋아지고 싶다는 의지가 있는 사람보다 없는 사람이 훨씬 더 많았다. 2년이란 세월을 그곳에서 보냈으니 하고 싶은 말은 많지만 여기에 담기 어려울 것 같다. 출근길 광역버스 안에서 교통사고가 나서 회사 안 가도 되기를 매일 비밀스럽게 빌었다는 말로 대신하겠다.

당시 나는 불행했고 미래 역시 기대할 것이 없다고 생각했다. 의사 면허증이 무엇이며 정신과 전문의가 무슨 소용이냐고 외쳤다. 그때 '의대 가지 마라' 초고를 마무리했다. 나는 진료실을 떠났다.

그러나 세상에 헛된 것은 없었다. 의사 면허증 그리고 병원에서 온갖 일을 겪어본 경험은 든든한 발판이 되어줬다. 나는 그 후 보험회사에 지원하여 사의社醫(의학적 자문을 제공하는 사내 의사)로 근무했다. 원래 정신과 의사가 아닌 정형외과나 신경과, 내과 의사 등을 뽑는다고 했는데 '나는 정신과 의사지만(정신과 의사여서) 산전수전 다 겪어봤다. 어떤 일이든 할 수 있다'라는 콘셉트로 밀고 나가 함께 면접 본 신경과, 내과 의사를 물리치고 합격했다. 이후 회사에서 쌓은 경험으로 의료자문회사를 세웠다. 정신과 의사로서 육아서를 쓰고, 의과대학을 우등 졸업한 경력을 내세워 공부법에 관한 자녀교육서를 썼다. 이 두 책 덕분에 도서관이나 기업에서 종종 강연을 하게 됐다. 그리고 이제, 내가 하고 싶은 진료를 한다. 무기력을 극복하고 싶어서, 더 잘 살고 싶어서 적극적으로 찾아온 사람들을 본다. 그들이 좋아지는 모습을 보면 얼마나 기쁜지 모른다.

이처럼 현재의 나는 하고 싶은 일만 하면서 산다. 환상적인 삶이다. 일하는 게 재미있어서 새벽 5시에 일어난다. 가족과 보내는 시간을 최대한 누린다. 함께 일하고 싶은 사람과만 일한다. 이것이 무엇 덕분일까? 전부 다, 그러니까 그간의 모든 경험과 획득한 자격이 빠짐없이 활약한 결과다.

처음에는 보잘것없어 보이는 경력도 결국 소용이 있다. 당신이 딴 자격증이 인생을 바꿔줄 리 없다고? 글쎄, 지금은 그래 보여도 나중에 어떻게 쓰일지 모른다. 내가 책을 쓴다고 할 때 주변 사람들은 "돈도 안 되는 걸 뭐하러 써? 그 시간에 다른 일을 해"라고 했다. 실제로 돈이 안 됐다. 첫 번째 책 인세를 받고 '전업 작가는 이슬만 먹고 사는 걸까?' 진지하게 의문이 들었다. 그럼 들어간 노력만큼 확 유명해지기라도 했느냐? 그것도 아니다. 놀랄 만치 아무런 변화도 생기지 않았다. 하지만 어느 날, 책을 보고 유튜브 강의를 해달라는 요청이 들어오고, 그 영상을 보고 다른 곳에서 연락이 오고, 자연스레 두 번째 책이 나오고, 그 책으로 강의를 하고, 더 많은 사람을 알게 되고, 제의를 받고, 지금 이 책까지 연결되고…. 꼬리에 꼬리를 물고 확장됐다. 이

것이 다 보잘것없어 보였던 첫 번째 책 덕분이다.

마지막으로 강조한다. 세상에 의미 없는 경력은 없다. 당신이 지금 준비하는 시험도 마찬가지다. 당장 삶을 바꿔주진 않을 것이다. 하지만 언젠가 분명히 그 역할을 해낼 것이다. 다음 단계로 올라설 든든한 발판이 되어줄 것이다. 믿어라. 이 시험을 잘 보면 분명 인생이 달라진다. 희망을 품고 얼른 가서 공부해라!

12장

무조건 합격하는
시험장에서의 원칙

시험 당일 컨디션 조절법

지금까지 당신은 시험을 준비하는 방법 대부분을 배웠고, 정신 무장까지 단단히 했다. 이제 시험만 잘 보면 된다. 이왕이면 최상의 컨디션으로 임하면 좋을 것이다. 여기서는 그 방법들을 다루겠다.

최상의 컨디션이라니, 뭔가 거창한 것을 기대할지도 모르겠다. 미리 말해두지만, 그런 특별한 팁을 알려주려는 것이 아니다. 머리가 맑아지는 약이라든가 수험생을 위한 보양식 같은 걸 추천할 생각은 전혀 없다. 그런 것이 세상에 존재하는지 모르겠지만, 최소한 나는 잘 모른다. 오히려 이런 것들을 '이용하지 않기를' 진심으로 바란다.

평소 하지 않던 것은 하지 않는다

제발 평소 하지 않던 것은 시험 직전에도 하지 마라. 일주일에 한 번씩 엿을 먹던 사람이 아니라면, 시험에 찰싹 붙으라고 사주는 엿도 먹지 마라. 기껏 씌운 금니가 떨어져서 고생할 수 있다. 기운이 펄펄 난다는 기름진 보양식, 먹지 마라. 정 먹고 싶거나 챙겨준 사람의 정성에 보답하고 싶으면 시험 끝나고 먹어라. 시험 보느라 수고한 당신에게 선물해라.

시험 전 우리의 신체는 매우 예민하다. 오랜 시간 긴장해온 탓에 피로가 누적된 상태다. 보통 잠도 부족하고, 소화 기능도 떨어져 있기 쉽다. 이럴 때는 오히려 평소보다 적게, 무조건 소화가 잘되는 음식을 먹어야 한다. 가장 좋은 것은 죽처럼 된 음식인데, 혹시 시험에서 죽을 쑬까 봐 수험생에게 잘 안 준다(남 얘기가 아니다. 우리 어머니도 시험 전엔 '죽' 자도 못 꺼내게 했다). 많이 못 먹으니까 자꾸 영양가 높은 음식을 먹이는데, 이것들은 보통 기름지다. 잘못하면 설사한다. 시험 날 배가 아프면 어떻게 되겠는가?

이렇게 글로 쓰면 너무 당연한 얘기라 '세상에, 시험을 앞두고 평소 안 하던 일을 한다고?'라며 의아해하겠지만, 우리는 바보 같은 짓을 아무렇지 않게 저지른다. 평소엔 똑 부러지는 사람조차 그렇다.

전공의 시절, 정신과 의국의 한 선배가 전문의 시험에 탈락한 적이 있다. 다들 경악했다. 워낙 스마트하고 성실해서 '가장 떨어지지 않을 것 같은 사람'으로 꼽혔기 때문이다. 내 동기 중한 명은 나중에 그 시험을 준비할 때 '○○ 선배조차 떨어졌던시험이다. 절대 방심할 수 없다'라고 마음을 다잡기도 할 정도였다. 아무튼, 선배가 탈락한 이유를 도무지 알 수 없었다. '육아와 일과 시험 준비를 동시에 하느라 그런 건가?' 추측해보기도했으나 비슷한 상황의 다른 선배들을 생각하면 또 답이 아니고, 한동안 도저히 불합격의 원인을 찾지 못했다. 나중에 알고 보니전날 잠을 잘 못 자 졸리기에 시험 직전 카페인을 들이부은 것이 문제였다고 한다. 시험 내내 심장이 미친 듯이 뛰어 집중을할 수 없었다는 거다. 이전에 그렇게 해본 적이 없는데도, 너무졸려 안 되겠다 싶어 잘못된 선택을 한 것이다. 1분의 판단 실수로 1년이 날아가 버렸다. 혹시 당신도 시험 날 아침에 집중한답시고 평소에 쳐다도 안 보던 에너지 드링크 같은 걸 마시지 않기를, 진심으로 바란다.

반대의 경우도 있다. 시험 전 너무 긴장되는 나머지 신경안정 효과가 있는 약을 먹고 가는 것이다. 의외로 많은 사람이 생각하는 방법이다. 그러나 평소에 늘 복용해본 것이 아니라면 절대 시도하지 마라. 부모님이 챙겨줘도 일단 먹지 말고 둬라. 긴장을 풀어주는 약은 보통 졸음을 부른다. 술을 마신 것과 비슷한 효과를 내기도 한다.

운전면허를 따러 갔을 때 교관 선생님이 전해준 이야기다. 어떤 수강생이 실기 날 긴장을 풀기 위해 주변에서 추천해준 우황청심환을 먹고 왔다고 한다. 문제는 긴장이 과하게 풀어져 시험 중 후진하다가 화단으로 올라가고 난리도 아니었다는 것이다. 결국 중단시키고 차에서 내리게 했는데, 심신이 안정된 덕분인지 당황한 기색도 없고 표정 하나는 편안했다고. 시험은 망쳤지만 약효는 확실히 있었던 모양이다. 절대 시험 날 아침에 '이 약의 효과는 어느 정도일까? 부작용은 무엇일까?' 스스로 임상시험 하지 마라.

앞의 사례들과는 약간 결이 다른데, 나 역시 시험 전에 똥명청이 같은 짓을 한 적이 있다. 스물네 살, 본과 3학년 때였다. 당시 교문 앞에서 계란 샌드위치를 만들어 파는 아주머니가 계셨다. 철판에 마가린을 두르고 식빵을 노릇노릇 구워, 계란 푼 물에 채 썬 양배추와 당근을 섞어 익힌 다음, 설탕을 솔솔 뿌리고 케첩을 찹찹 뿌리면 완성되는 샌드위치였다. 어떤 맛인지 상상이 가는가? 나는 완전히 중독됐다. 매일 아침 이 샌드위치를 사 들고 등교했다.

그러던 어느 날, 연말 시험이 거의 끝나갈 무렵이었다(본과 3학년 때는 12월 한 달간 시험만 본다). 그간의 피로가 누적되어서인지 평소 먹던 샌드위치를 아침에 절반밖에 못 먹었다. 그럼 나머지는? 지금 같으면 바로 버렸을 텐데, 그때는 학생 신분이라 돈이 아까웠는지 아니면 너무 좋아하는 샌드위치여서 그랬는지 잘 보관해뒀다. 따스한 도서관에서 계란에 마가린에 식빵에 영양가 넘치는 배지에서 세균을 무럭무럭 길렀다. 그리고 저녁 식사로 맛있게 먹었다.

그날 밤 11시부터 지옥을 맛봤다. 화장실에 들락거리느라 잠을 한숨도 못 잤다. 더 정확히는 잠을 청하지도 않았다. 혹시 잠들었다가 영원히 눈을 못 뜨게 될까 봐 두려웠기 때문이다. 이온 음료를 아무리 들이부어도 빠져나가는 물이 더 많았다. 그날 밤 온몸으로 터득했다. 조금이라도 미심쩍은 것은 시험 전에 절대 먹지 않아야 한다는 진리를.

군대 말년에는 구르는 낙엽도 조심하라는 얘기가 있다. 시험 전도 마찬가지다. 다만 낙엽이 아니라 자기 자신을 가장 조심해야 한다. 정신을 바짝 차리고 자신이 이상한 짓을 저지르진 않는지 감시해라. 평소에 하지 않던 것은 제발 하지 못하게 해라!

과하게 조심하지 않는다

시험장에 가면 예상치 못한 사람들을 만나게 된다. 수능처럼 응시자가 같은 연령대이고 비슷한 상황에 처한 경우면 그래도 좀 덜한데, 일반 자격증 시험처럼 다양한 연령대에 다양한 직업을 가진 사람들이 모이면 놀라운 경험을 하게 될 수도 있다.

2022년에 치렀던 공인중개사 고사장에는 버럭버럭 소리를 지르는 할아버지가 계셨다. 시험 중간에도 불만이 생기면 즉시 감독관에게 호통을 쳤다. "이봐요. '시험 종료 10분 전입니다, 5분 전입니다'라는 안내를 한 번만 하세요! 여러 번 하니까 집중이 잘 안되잖아요!"라는 얘기를 다섯 번이나 했다.

그래도 나는 그럭저럭 시험에 집중할 수 있었다. 직업이 정신과 의사인지라 전 직장에서 만취한 알코올 중독 환자의 난동을 수없이 봐온 덕분이었던 듯하다. 아마도 곱게만 살았을 다른 응시자들은 심장이 꽤 벌렁거릴 수 있겠다 싶었다.

이렇게 악당까지는 아니더라도 하필 옆자리에 거슬리는 사람이 앉을 수 있다. '이토록 부스럭거리는 사람은 처음 본다. 숨소리조차 크다. 신경을 안 쓰려 노력할수록 오히려 더 그 사람에게 집중하게 된다. 미치겠다.' 이런 상황은 흔히 생긴다. 당신에게도 발생할 수 있는 일이다. 이런 사태는 어떻게 막으면 좋을까?

나는 되도록 험한 환경에서 공부해보라고 추천하고 싶다. 공차기하는 아이들 옆 벤치에서, 시끄럽게 떠드는 학생들 앞에서 집중하는 연습을 하는 것이다. 일부러 시끄러운 음악을 틀고 공부해봐도 좋다.

독서실 옆자리 사람한테 책장 넘기는 소리가 거슬린다면서 주의해달라는 메모를 받았다는 사연을 본 적이 있다. 또 카페에서 친구와 대화를 나누고 있는데 카공족(카페에서 공부하는 사람)한테서 공부에 방해되니 조용히 좀 해달라는 핀잔을 들은 사람도 꽤 된다. 혹시 당신이 그렇게 지적하는 사람이거나 못 견디는 쪽이라면, 오늘부터 자세를 바꾸길 바란다.

고사장에서 시험지 넘기는 소리가 얼마나 큰지 아나? 수십 명이 끊임없이 넘겨댄다. 그런데 고작 책장 넘기는 것에 집중력이 흐트러진다면 어떻게 시험을 치를 셈인가. 도서관 옆자리 사람이 콧물을 훌쩍거려서 거슬린다고? 보통 중요한 시험은 추울 때 많이 치러진다. 고사장 옆자리 사람이 코감기에 걸려 있을 확률이 매우 높다. 수다 소리? 의외로 감독관이 말이 많을 때가 있다. 심지어 시험 중간에 개인적으로 말을 거는 감독관도 있다 (살면서 네 번 경험했다. 그중 한 번은 수능시험이었다). 그럴 때를 대비해 훈련을 한다고 기쁘게 받아들이자.

올림픽에 출전하는 우리나라 양궁 선수들은 일부러 관중들의 야유 소리, 응원 소리를 틀어놓고 훈련을 하는 것으로 유명하다. 온갖 난관이 닥쳐도 흔들림 없이 집중하기 위해서다. 그렇게까지 대비하니까 어떤 상황에서도 1등을 하는 거다.

당신도 꼭 거친 환경에서 공부해보길 바란다. 시험장에서 어떤 험한 꼴을 봐도 당황하지 않을 수 있을 것이다.

잠에 집착하지 않는다

평소에는 평범한 사고지만 시험 전에 발생하면 큰일인 것으로 무엇이 있을까? 나는 불면을 꼽고 싶다. 시험 전날 꼬박 새우게 된다면? 아이고, 상상도 하고 싶지 않다.

평소에 잘 자던 사람이 긴장해서 시험 전날 잠을 못 잘 때가 있다. 그것도 하필 '아주 중요한' 시험 전에. 아직 한숨도 못 잤는데 세상이 점차 밝아진다. '이 상태로 오후까지 버틸 수 있을까?' 절망적인 마음으로 시험장에 들어간다.

남 얘기가 아니다. 내가 그랬다. 수능 시험 전날 밤 10시에 누웠는데 새벽 4시 반까지 잠들지 못했다. 12시, 2시, 3시…. 시간이 지날수록 점점 초조해졌다. '6시에 일어나서 씻고 밥 먹고 이동해야 할 텐데. 그럼 이제 몇 시간이나 잘 수 있지? 1년 공부가 이렇게 하룻밤에 날아가는구나….' 4시 반쯤 되니 울음이 터져 나왔다. 엉엉 울고 있으니 어머니께서 방에 들어와 등을 두드려 주셨다. 어느 순간 될 대로 되라 포기해서인지, 아니면 실컷 운 덕분인지 다행히도 갑자기 잠에 빠졌다. 정신을 차려보니 6시 알람이 울리고 있었다.

그날 대체 무슨 일이 일어난 걸까? 나는 원래 잠 하나는 끝내주게 잘 자는 사람이다. 앞서 밝혔듯이 주말에는 12시간도 잤으니까. 수능을 준비하는 1년 동안에도 하루 8시간은 꼬박꼬박 잤다. 이뿐인가. 수능 날 최상의 컨디션을 만들기 위해 시험 한 달 전부터는 10시에 자고 아침 6시에 일어나는 습관도 들였다.

이게 문제였다. 잠에 집착한 것이다. 수능 날은 평소보다 일찍 일어나야 하니까, 혹시 시험 보다가 졸릴까 봐 한 달 전부터 그 일정에 맞추려 한 게 화근이었다.

처음에는 괜찮았다. 잘 잤다. 한 달 동안 아무 문제 없이 지냈다. 그러나 항상 사고는 마지막에 터지지 않나. '어, 이상하다? 분명 10시에 잠이 들어야 하는데 왜 이러지? 8시간은 자야 시험에 집중할 수 있을 텐데….' 시험 전날, 계획이 시작부터 어그러지면서 무너진 것이다. (아마도 함께 밤을 샜을) 어머니가 걱정하실까 봐 애써 멀쩡한 척 집을 나서는데, 어지러워 몸이 휘청거렸다. '어떻게든 잠들지만 말아야지' 되뇌며 고사장에 들어갔다.

그리고 어떻게 됐냐고?

보다시피 재수 없이 서울대 의대에 바로 합격했다. 오후 시험을 치르다가 깜박 졸기는 했지만 잠 때문에 큰일이 나지는 않았다. 밤 10시부터 새벽 4시 반까지 6시간 반 동안 전전긍긍한 것이 무색하게도 말이다.

이날 이후 시험 전날 수면 시간에 대해서 조금 여유를 갖게 됐다. 물론 그날 밤의 트라우마가 크긴 했는지, 지금도 시험을 볼 때마다 혹시 못 잘까 봐 긴장되는 건 아직 남아 있다. 실제 잠이 잘 안 오기도 한다. 그래도 그날만큼 못 자는 일은 없다. 2~3시간 뒤척거리면 그럭저럭 잠이 든다.

잠은 짝사랑과 비슷하다. 쫓아다닐수록 도망간다. 불면으로 내게 찾아온 환자들에게 늘 하는 말이다. 신경 안 쓰고 내버려 둬야 그나마 다가올 가능성이 생긴다. 오히려 밀어내려고 하면 무작정 찾아오기도 한다. 공부한답시고 '밤새워야지!' 마음먹으면 어떻게 되던가. 잠이 쏟아진다.

당신도 명심해라. 잠이 소중하다고 느껴질수록 집착하지 마라. 언제쯤 잠이 오나, 지금 몇 시쯤 됐나 확인하지 마라. 그럴 때마다 더 달아난다. 새벽 3시까지 못 자고 있다는 사실에 속이 상하고, 아침까지 남은 시간을 계산하느라 잠이 깬다. 시한폭탄이 터질 것처럼 초조해진다.

올 테면 오고 말 테면 말라는 듯 잠을 대해라. 그러면 어느새 찾아올 것이다. 못 잤더라도 걱정하지 마라. 하루 잠 못 잤다고 지구가 망하지는 않는다. 정신을 붙들면 어떻게든 해낼 수 있다. 시험 보느라, 병원에서 일하느라 백 번 넘게 밤을 꼴딱 새워보고 하는 소리다. 불안해하지 말고 오늘 밤 편히 보내길!

시험 날 반드시 챙겨야 할 다섯 가지

이제 드디어 끝이다. 오늘 하루만 잘하면 된다. 평소 실력을 충분히 발휘할 수 있도록 준비하자.

일단 시험장에서 당황하지 않도록 필수 준비물을 확실히 챙겨야 한다. 수험표, 신분증, 마킹용 사인펜, 수정테이프, 볼펜, 아날로그시계를 챙기자. 계산기를 사용하는 시험이면 이것도 넣자.

필수 준비물을 다 챙겼으면 시험장에서 추가로 필요한 물품들을 살펴볼 차례다. 나는 다섯 가지를 꼭 가져가라고 권하고 싶다.

- 따뜻한 옷
- 보온병에 담은 따뜻하고 달콤한 차
- 소화가 잘되는 도시락
- 지겹도록 본 교재 한 권
- 지겹도록 듣던 음악

따뜻한 옷

반드시 기억해라. 시험장은 춥다. 신기하게 바깥보다 더 춥다. 10월에 시험을 본다면 12월처럼 입고 가라. 2022년 10월 29일에 시험을 봤는데 1교시부터 얼어 죽는 줄 알았다. 이날 최고기온이 21℃였다. 그런데도 쉬는 시간마다 화장실에 가서 뜨거운 물로 손을 녹여야 했다. 전혀 예상치 못한 사태였다.

감독관은 "추우세요? 추우시면 난방을 켜면 됩니다"라고 몇 번이나 말하고는 결국 안 켜줬다. 감독관이 패딩 점퍼를 입고 왔기 때문인 것 같다. 게다가 현명하게도 겨울 점퍼를 입고 온한 수험생 아주머니가 "전혀 안 춥습니다!"라고 매번 대답하는 바람에 나는 7시간 동안 덜덜 떨면서 버텨야 했다(점심시간에 내가 몰래 난방을 켰는데, 그분이 들어오더니 시끄럽다며 꺼버렸다).

호들갑 떤다 싶을 정도로 무조건 따뜻하게 입고 가라. 21℃까지 올라가는 날 패딩을 입는 건 너무하지 않냐고? 지혜로운 사람들은 그렇게 입고 오더라. 더우면 벗으면 되는데 추우면 답이 없다. 담요나 핫팩 같은 것을 챙기기보다 옷을 여러 벌 두껍게 입고 가라. 담요 같은 것은 시험 볼 때 가방에 넣으라고 할 수도 있고 흘러내릴까 봐 신경 쓰인다.

보온병에 담은 따뜻하고 달콤한 차

따뜻한 것을 강조하는 이유는 일단 긴장을 풀기 위해서다. 과하게 긴장하면 평소 실력이 안 나올 수 있기 때문에 중간중간 마음을 녹이라는 것이다. 그러나 진짜 중요한 이유는 따로 있다. 에너지를 아끼기 위해서다. 우리 몸은 체온을 유지하는 데 상당한 에너지를 소모한다. 겨울에 외출했다가 집에 들어서면 거의 쓰러질 것 같은 경험, 다들 해봤을 것이다. 시험을 볼 때도 뇌가 엄청난 에너지를 사용한다. 몇 시간씩 완전히 집중해야 하기 때문이다. 추우면 가뜩이나 부족한 에너지를 체온 유지에 다 써버리게 된다. 이 사태를 조금이라도 막기 위해서다.

달콤한 차를 마시라는 것도 같은 이유다. 나는 평소에 단 음료를 절대 권장하지 않는다. 심지어 시험공부를 하는 동안에도 마시지 말라고 할 것이다. 득보다 실이 더 크기 때문이다. 그러나 오늘은 시험 날 아닌가. 에너지가 떨어지지 않도록 틈틈이 보충해라.

소화가 잘되는 도시락

시험 날 도시락은 뭘 싸 가면 좋을까? 고사 당일 수험생은 긴장하기 마련이다. 소화가 잘 안된다. 식욕도 뚝 떨어지기 쉽다. 몸이 아플 때와 비슷하다. 그럴 때 뭘 먹으면 좋을까?

아무리 평소에 잘 먹던 것이라도 많이 씹어야 하거나 차갑다고 느껴지는 음식은 되도록 피해라. 시험 날엔 잘 안 들어간다. 그러다 보면 점심을 잘못 먹어 오후에 에너지가 부족해질 수 있다.

'병원에서 환자에게 무엇을 주나?' 이게 답이다. 따뜻한 죽과 계란찜 같은 걸 싸 가면 된다. 상황이 여의찮으면 부드러운 빵을 추천한다. 쉽게 에너지를 보충할 수 있도록 초콜릿이나 과자를 챙겨 가는 것도 좋다.

지겹도록 본 교재 한 권

시험 날 아침에 보면 가방 가득 온갖 교재를 낑낑대며 싸 들고 오는 수험생들이 있다. 제발 당신은 그러지 마라. 기껏해야 30분 여유 시간에 그걸 어떻게 다 보려고? 본다고 해도 시험에 안 나온다. 고사장엔 딱 한 권만 들고가라. 앞서 내가 공부하란 대로 했다면 마지막 순간에 딱 한 권만 남았을 것이다. 그것만 들고 가라. 거기서는 시험에 나온다. 압축하고 압축했으니 몇 문제는 나온다.

그러나 교재를 들고 가라는 건 초치기로 몇 문제 더 건지기 위해 보라는 게 아니다. 더 중요한 이유는 시험 날 아침에 굳어 있는 머리를 예열하기 위해서다. 지겨우리만치 익숙한 교재로 부드럽게 깨우는 것이다. 편안한 마음으로 시험을 시작할 수 있도록 말이다.

감독관이 시험지를 나눠줄 때마다 미친 듯이 두근거리는가? 문항 1번이 눈에 들어오지 않아 당황한 적이 있는가? 그렇다면 교재에 있는 문제를 1~2개 풀어봐도 좋다. 우리 뇌에 시험지를 이미 받았다고 느끼게 하는 것이다. 좀 더 편안한 마음으로 시험을 치를 수 있을 것이다.

지겹도록 듣던 음악

나는 고등학생 시절 내내 전람회의 음악을 들었다. 전람회는 1990년대 중·후반을 풍미했던 2인조 그룹 이름이다. 특히 마지막 한 해는 전람회 2집 앨범 하나만 거의 매일 들었다. 멜로디와 허밍으로만 이뤄진 첫 번째 곡 〈고해소에서〉는 20여 년이 훌쩍 지난 지금도 생생하게 떠올릴 수 있을 정도다. 나는 이 노래를 수능 날 아침에도 가져갔다.

고사장은 보통 낯설다. 긴장되고 초조한 분위기에 전염돼 마음이 붕붕 뜨기도 한다. 이때 익숙한 노래는 우리를 빠르게 진정시킨다. 공부하기 전 늘 들었던 노래라면 그때 그 순간으로 당신을 데려다줄 것이다.

듣기 평가가 있을 경우 귀를 깨우는 역할도 한다. 물론 듣기 문제를 1~2개 풀어보는 것이 가장 좋겠지만, 그 전에 좋아하는 음악으로 부드럽게 시작하는 것이다.

익숙한 음악은 귀벌레 현상(특정 노래가 머릿속에서 계속 울리는 현상)을 막아주기도 한다. 사실 나는 이 이유로 같은 노래를 반복해서 듣기 시작했다. 중학교 3학년 때 시험을 보다가 생뚱맞게 '술잔을 부딪치며 찬찬찬'이라는 트로트 한 구절이 계속 떠올라 미칠 뻔한 적이 있었기 때문이다. 이왕 시험 중에 귀에서 노래가 재생될 것이라면, 평소 공부할 때 듣던 노래가 나오는 것이 낫지 않겠나. 그런데 신기하게도 이 방법을 쓰고 나서는 시험 중 노래가 떠오른 적이 한 번도 없다. 역시 적은 준비하면 안 나타나는 모양이다.

Bonus Track: 피식 웃는다

이것은 앞서 말한 다섯 가지 준비물에 포함되지 않는다. 당신을 위해 보너스로 팁 하나를 준비했다. 시험장에서 심장이 요동칠 때 쓰는 나만의 비법이다.

떨릴 때 '떨지 말아야지, 긴장 풀자'라고 생각하면 더 불안해지기도 한다. 두근거리고 떨리는 게 내 맘대로 조절되는 것이 아니기 때문이다. '자야지' 마음먹으면 더 잠이 안 오는 것과 유사하다. 그래서 나는 반대로 한다. '더 떨어보자. 교실이 공명할 정도로 떨어보자. 그래서 교실조차 덜덜 떨게 해보자.' 그러면서 교실이 지진 난 듯 덜덜거리며 흔들리는 장면을 상상한다. 수험생들이 당황하고 감독관도 당황하고 다들 어쩔 줄 모른다. 그쯤 되면 피식 웃음이 나온다. '내가 이렇게 유치한 인간이란 걸 아무도 모르겠지?' 왠지 음흉한 기분이 들면서 긴장이 풀어진다. 이 방법은 지금도 강의나 발표를 할 때마다 사용하고 있다. 항상 효과가 있다. 당신도 한번 시도해봐라.

시험 날만 되면 미친 듯이 긴장되는데 어떻게 하면 될까요? 약이라도 먹을까요?

시험 날 긴장되는 것만큼 수험생을 미치게 하는 것도 없다. 나도 이것 때문에 오랫동안 고생했다. 지금은 그렇지 않은데, '시험을 지겹도록 많이 본 경험' 덕분이다. 당신이 시험 때마다 긴장하는 것은 아직 시험을 치르는 데 익숙하지 않아서일 가능성이 크다. 그렇다면 경쟁자들도 당신 못지않게 시험 날마다 긴장할 것이다. 그들 역시 시험 경험이 많지 않기 때문이다. 남들도 다 똑같다는 사실을 되새기면 긴장을 누그러뜨리는 데 도움이 된다. 이 외에 심호흡, 명상, 시험 전 문제 몇 개 풀기 등의 방법을 써볼 수 있다. 혹시 온갖 수단을 동원해도 효과가 없다면 약을 먹는 것도 도움이 된다. 근처 정신건강의학과를 방문해서 증상을 설명하면 적절한 약을 처방해줄 것이다. 다만, 적어도 시험 한 달 전에 방문해서 약을 처방받아 먹어봐라. 그래서 이상 반응(어지러움, 집중력 저하, 졸림)이 없다는 게 확인되면, 시험 날 사용해도 된다. 마지막으로, 무조건 통하는 비결을 하나 알려주겠다. 완벽하게 외우고 시험장에 들어가라. 긴장할 가능성 자체가 사라진다.

에필로그
나는 당신이 진정 합격하길 바란다

지금까지 내 공부 노하우를 속속들이 알려줬다. 어떤가. 당신도 해볼 만하다는 생각이 들었는가? 이제 시험을 잘 볼 수 있다는 자신감이 생겼는가? 그렇다면 축하한다. 어떤 시험을 준비하든, 반드시 합격할 것이다. 믿어도 좋다. 이것은 절대 근거 없는 낙관이 아니다.

처음 공부법 책을 쓰겠다고 했을 때, 친한 친구이자 공부 동료인 배우자가 조금 말렸다. "다들 이 방법을 쓰는 바람에 우리 아이들이 성적을 받기가 상대적으로 어려워지면 어떻게 해?" 프롤로그에서 밝혔듯이, 이 책은 원래 내 아이들에게 전해주려고 했던 시험 대비법을 밝힌 것이기 때문이다. 솔직히 나도 집필하기 전에 그런 고민을 살짝 했다.

그러나 곧 마음을 고쳐먹었다. 한 가지 이유는 '공부법을 알려줘도 실행하는 사람은 따로 있고, 이들은 내가 공부법을 공개하든 하지 않든 언젠가는 잘할 사람들이다. 알려줘도 안 할 사람들은 안 할 것이기 때문에 걱정할 필요가 없다'라는 생각이 들어서다. 중식 대가 이연복 셰프가 레시피를 가감 없이 공개하며 "어차피 안 할 사람은 안 해요"라고 얘기했던 것처럼 말이다.

다른 하나는 더 큰 욕심이 있었기 때문이다. 나를 아는, 나를 좋아하는, 미래에 나와 함께 지낼 '성공한 사람들'이 많아졌으면 하는 욕심이다. 이 책을 읽은 덕분에 시험에 합격한다면 아무래도 나에게 호감이 생기지 않겠는가. 나중에 우연히 만나 "작가님 덕분에 성공했습니다"라는 인사로 안면을 틀 수도 있고, 함께 일하며 서로 도움을 주고받는 관계로 발전할 수도 있을 것이다. 이렇게 큰 그림을 그리니 책을 쓰지 않을 이유가 없었다. 이 책으로 수백, 수천, 수만 명의 성공한 지인이 생긴다면 엄청난 수확 아닌가.

나는 당신이 진정 합격하길, 그래서 꼭 성공하길 바란다. 당신을 위해서이기도 하지만 내 욕심 때문이기도 하다. 다시 말해, 당신 듣기 좋으라고 입에 발린 소리를 하는 것이 아니다. 이 책은 진심으로 당신이 합격하기를 바라는 마음에서 썼다. 그러니 내가 전한 공부법을 수긍했다면, 흔들리지 말고 꿋꿋이 계속 공부해나가라. 이대로만 하면 된다. 포기하고 싶어질 때마다 책을 펼치고 마음을 다잡아라. 분명 결실을 볼 것이다.

에필로그에서까지 열심히 공부하라는 얘기를 들으니 지겨운가? 하하, 그럴지도 모르겠다. 조금은 미안하다. 하지만 솔직히 말하면 당신은 이미 남들보다 성공에 더 가까이 가 있다고 생각한다. 시험을 준비하면서 '혹시 내 공부법에 문제가 있나? 더 좋은 방법은 없나?' 하고 찾아보는 사람은 정말 드물기 때문이다. 대한민국 상위 1%다. 이것만으로도 나는 당신의 합격을 믿어 의심치 않는다. 이런 자세를 가진 사람은 눈앞의 시험은 물론이거니와 인생에서도 결국 성공할 것이다.

끝으로 이 책이 당신에게 합격의 기운을 전해주기를, 어떤 시험에서도 실패하지 않는 시험왕의 기운이 당신에게 가닿기를 진심으로 바란다. 기복신앙을 믿는 건 아니지만, 예컨대 이 책을 부적처럼 써도 된다. 어떻게 활용하든 도움만 된다면 나는 더 바랄 게 없다. 시험을 앞뒀을 때의 절실한 마음을 누구보다 잘 알기에 하는 얘기다.

당신에게 줄 것은 이제 진짜 다 준 것 같다. 이번 시험에 꼭 합격해라. 그리고 성공하면 꼭 찾아와라. 나의 성공한 지인이 되어달라.